I0756731

LA VERDAD OS HARÁ LIBRES

Esclavos del siglo XXI

www.danielzaragoza.com

LA VERDAD OS HARÁ LIBRES

Esclavos del siglo XXI

Daniel Zaragoza

Primera edición: noviembre 2018
La verdad os hará libres. Esclavos del siglo XXI
Daniel Zaragoza
Diseño de portada: Alexia Jorques

ISBN: 9781730751042
Todos los derechos reservados

Dedicado a todas las personas

que han dado su vida por buscar la Verdad.

A mis abuelos, Maruja y Mariano.

Reconocer que no posees la Verdad,
es el primer paso para acercarte a ella.

Escucha a los maestros, pero no los creas.
Busca en tu interior, la Verdad no está fuera.

El mundo está enfermo, empieza a dar pena.
Deja de ser un esclavo y rompe tus cadenas.

La vida es para los valientes.

Tres cosas no se pueden esconder: el Sol, la Luna y la Verdad.

Buda

El peor de los esclavos es el que piensa que es libre.

Platón

Y conoceréis la verdad, y la verdad os hará libres.

(Juan 8, 32)

ÍNDICE

INTRODUCCIÓN 13

EL SISTEMA CONTRA LOS REVOLUCIONARIOS 17

ESCLAVOS DEL SIGLO XXI 32

PLEBEYOS MODERNOS 44

¿JUSTICIA PARA TODOS? 49

LA BANCA SIEMPRE GANA 58

¿QUÉ NOS QUEDA? 61

LA GUERRA PARA CONSEGUIR LA PAZ 62

LA GRAN MENTIRA DE LAS RELIGIONES 68

ALIMENTACIÓN 83

IGUALDAD DE LA MUJER 92

¿SOMOS TODOS IGUALES? 101

SOY LO QUE VEO 105

ENGANCHADOS A LA RED 107

EXCESO DE INFORMACIÓN 111

EDUCACIÓN 114

BICHO RARO 119

INDEPENDENTISTA SIN NACIÓN 122

DESOBEDIENCIA CIVIL 126

JUEGAN CON TU MIEDO 138

PASA A LA ACCIÓN 142

VUELTA A LOS ORÍGENES 145

MENOS ES MÁS...156

HAZ QUE OTROS DESPIERTEN..................................164

BUSCA LA VIRTUD 171

MEDITACIÓN 177

SABIDURÍA 181

QUITAR LOS "DEBERÍA" 187

¿ERES UNA PERSONA LIBRE? 189

TRES VERDADES IRREFUTABLES 201

APROVECHA TU TIEMPO 211

EL CAMINO MEDIO...217

PERDÓN 222

LA VERDAD OS HARÁ LIBRES 227

CONCLUSIÓN..238

FUENTES DE INFORMACIÓN 243

AGRADECIMIENTOS...247

INTRODUCCIÓN

Este libro iba a ser una exposición de pensamientos basados en mi experiencia sobre cómo ser más libre, pero comencé a revisar apuntes de libros leídos, recopilar citas de los sabios y a documentar el libro leyendo a filósofos, pensadores y personas que dedicaron su vida a reivindicar esa libertad anhelada, a suprimir las desigualdades, a repartir los poderes, a empoderar a los desfavorecidos, a llevar un paso más allá la conciencia humana, a compartir la Verdad. Y me he visto empujado a rendirles un merecido homenaje (pues no podría superar sus valiosas aportaciones) y compartir algunos detalles de sus vidas, pensamientos, posturas y obras para que no caigan en el olvido, nos sirvan para tomar nuestras propias conclusiones y no sigamos cometiendo los mismos errores, que una y otra vez, nos arrastran a ser esclavos de los condicionamientos y limitaciones impuestos por una minoría en su beneficio.

Hay mayor representación masculina, pues por desgracia, la mujer ha sido silenciada, apartada y menospreciada durante demasiado tiempo, pero también recordaremos y rendiremos homenaje a algunas de esas mujeres que no aceptaron ser consideradas un ser inferior y lucharon por reclamar esa igualdad que estamos tan cerca de alcanzar.

No pertenezco a ninguna religión o partido político, no pretendo adoctrinar a nadie, ni que nadie se afilie a ningún tipo de asociación o grupo específico. Emulando a Sócrates: "solo sé que no sé nada". Pero lo poco que sé y lo mucho que saben las personas excepcionales aquí estudiadas, lo comparto con la mejor intención, con la intención de que como Sócrates hacía con sus discípulos, llegues por ti mismo a tus propias conclusiones y actúes en consecuencia.

Y conoceréis la verdad, y la verdad os hará libres.
(Juan 8, 32)

La Verdad es un ideal abstracto e inalcanzable. Dijo Tolstói que: "un verdadero ideal tiene la virtud de alejarse de nosotros a medida que nosotros nos acercamos a él". Pero el mero hecho de buscar esa Verdad, de luchar para conseguirla, te hace un poco más libre. En las páginas que siguen vamos a cuestionar verdades que parecen ciertas, vamos a buscar la manera de separarnos del rebaño para ser hombres o mujeres de libre pensamiento, vamos a criticar las leyes, desenmascarar las desigualdades, a reclamar nuestro derecho a la individualidad, a cuestionar las religiones, la monarquía, los gobiernos y las instituciones; para aspirar a convertirnos en seres únicos que eligen una vida en común, no personas comunes que viven la única vida posible según las condiciones externas que les han sido impuestas.

En la primera parte conoceremos las injusticias, manipulaciones y condicionamientos a los que nos vemos sometidos, desde el punto de vista de profesores, filósofos, teólogos, pensadores, expertos, medios de comunicación y el mío propio. Puede que te aparezcan ganas de dejar de leer con tantas injusticias concentradas en unas pocas páginas, no me he querido extender demasiado en este punto, pues solo hay que mirar los medios de comunicación un día cualquiera para conocerlos, y si eres de las personas que ven las noticias y leen los periódicos, puedes pasar rápida esta parte porque puede que no te aporte nada nuevo. Me voy a centrar, sobre todo, en las injusticias ocurridas en España, mi país de nacimiento y el cual más conozco, pero en otros lugares tienen los mismos problemas, parecidos o incluso peores. Sé por experiencia viajando por el mundo que cuanto más pobre es el país y menor es la educación, más vulnerable es la población a sufrir abusos e injusticias. Por favor, seguid leyendo, pues en la segunda parte intentaremos buscar una solución, porque sin una solución posible no tendría sentido despertar a la Verdad.

Soy optimista por naturaleza, creo en la buena fe de las personas, en la capacidad del ser humano y en la posibilidad de un mundo mejor, más ecuánime y justo. Pero todo tiene un precio, ser libre entraña ser consciente, ser consciente conlleva ser responsable y ser responsable implica tomar el poder de tu vida. Es cómodo ser esclavo, es fácil acatar órdenes, es placentero evadirte de la realidad, es peligroso cuestionar a los que dictan las reglas. Pero es liberador saber que hay otra vida posible (la vida que elijas tú) y buscarla te hace poderoso.

El libro va creciendo de un enfoque terrenal y centrado en las injusticias del mundo, a un plano más espiritual con las opiniones sobre la Verdad de los grandes maestros de la historia. Seremos testigos de las grandes similitudes que hay entre sus vidas, pensamientos y creencias.

Si apoyas la monarquía, estás a favor de la Iglesia, y de acuerdo con las políticas y las leyes actuales, quizá no deberías leer este libro o, a lo mejor, sí; porque puede que te abra los ojos. Sé que por la ley mordaza podría ir a la cárcel, pero no voy a callarme. Las palabras y escribir o leer este libro no sirven de nada si no hay una acción y un compromiso. Así que me comprometo a llevar a cabo (o por lo menos intentarlo) lo que aquí se expone asumiendo las consecuencias.

No digo que el contenido de este libro sea la Verdad, seguro que habrá cuestiones erróneas, pues tanto las citas de los personajes empleadas, como mis propias palabras, están hechas por personas imperfectas que se equivocan aun con la mejor intención. Cuestiona todo lo que leas, no creas nada de lo que aquí se expone. Voy a intentar nombrar (siempre que sea posible) las fuentes de la información, me hago responsable solo de mis propias reflexiones, que van a ser cuantiosas y, a veces, apasionadas. En vuestra mano queda contrastar dicha información, que con las nuevas tecnologías, están al alcance de todo el que se quiera tomar la molestia de investigarlas.

Este es mi libro más ambicioso y el que más me ha costado escribir, por su complejidad, por la extensa documentación y por su compromiso. No es un libro fácil de leer, puede abrir brechas en tus creencias, es un libro para valientes, que ya lo son o que aspiran a serlo, pues la Verdad es amarga y te lleva a tomar decisiones. Espero aportar algo nuevo y de valor, que te sirva de ayuda para ser un poco más libre.

Parafraseando a Morfeo en la mítica película Matrix: Tienes dos opciones, tomarte la pastilla roja y conocer la verdad o tomarte la azul y seguir viviendo una ilusión.
¿Qué pastilla elijes tomar?

Daniel Zaragoza

EL SISTEMA CONTRA LOS REVOLUCIONARIOS

Desde tiempos inmemoriales los que han ostentado el poder: las religiones, los reyes, los gobiernos o la misma sociedad, se han deshecho de quien pensaba diferente, de los que atentaban contra su dominio, de los que fueron en busca de la Verdad y compartieron un ápice de ella. Los han matado, exiliado, desheredado, excomulgado, calumniado y ridiculizado. Aquí comparto una breve descripción de la vida de algunos de ellos y ellas, sin entrar en demasiados detalles y haciendo énfasis en los hechos que interesan al tema de este libro.

Investigar las biografías de los personajes históricos es algo necesario y muy instructivo, nos acerca a la vida de otras épocas y nos ayuda a comprender la historia, sin olvidar que los que la escribieron fueron hombres y mujeres imperfectos que respiraban y sentían igual que nosotros. En las páginas siguientes a este capítulo leeremos algunos de sus pensamientos, citas y obras, que siglos después, siguen estando de actualidad y nos demuestran que aunque ha habido grandes avances, no ha cambiado demasiado el funcionamiento del mundo en lo que al reparto de poderes se refiere.

En esta pequeña introducción no se juzgan ni su vida privada, ni su ideología o sus intereses, a veces, cuestionables. Pero la historia está marcada por infinidad de personajes que antepusieron sus ideas a las posibles consecuencias y, solo por eso, merecen ser recordadas con admiración y agradecimiento, pues los que se rebelan, los que se atreven a ser diferentes, son los que hacen crecer a la humanidad y nos acercan a esa libertad utópica y añorada por el ser humano.

Siddhartha Gautama, al que nosotros conocemos por el Buda, nació en Lumbini, hay controversia respecto a la fecha de su nacimiento, pero unas últimas investigaciones en las ruinas de Lumbini apuntan que nació en torno al 623 antes de Cristo, un siglo antes de lo que se pensaba. Su madre fue la reina Mayadevi, y su padre, el rey Shudhodana. Cuando Buda fue concebido, la reina soñó que un elefante blanco entraba en ella. Al nacer le pusieron de nombre Siddhartha, que significa "el que logra su propósito" y un clarividente predijo que sería o un gran rey o un iluminado. Su padre lo encerró en el palacio con todo tipo de lujos para separarlo de la religión y que no conociera la realidad del mundo, lo casó con su prima a los 16 años y tuvieron un hijo. A los 29 años se escapó del palacio y fue consciente de la realidad y de la existencia del sufrimiento. Renunció a su vida como príncipe y recorrió parte de la India viviendo como un asceta y pidiendo limosna en las calles. Aprendió a manos de maestros anacoretas las artes del yoga y la meditación, e intensificó su búsqueda de la iluminación para conseguir el cese del sufrimiento. Comprobó que, alcanzado cierto punto, ningún maestro era capaz de enseñar nada más, y partió decidido a no seguir buscando fuentes externas de sabiduría, sino a encontrarlas dentro de sí mismo. Después de largas temporadas sin comer ni beber y profundas meditaciones, se dio cuenta de que el ascetismo extremo no funcionaba y descubrió lo que en el budismo se conoce como "camino medio", una senda de moderación lejos de los extremos. Una noche de luna llena, Siddhartha se sentó bajo el árbol bodhi jurando que solo se levantaría al encontrar la verdad. Tras 49 días de meditación continua y contando con 35 años de edad, llegó a la iluminación, y desde entonces se le conoce como "El Buda", "El Iluminado". En el momento de su despertar Siddhartha llevó a cabo una comprensión completa sobre la causa del sufrimiento y sobre cómo eliminarlo. A esta comprensión se la conoce como "las cuatro nobles verdades" y son los pilares del budismo, aunque su mayor contribución, puede que sea, enseñar nuevas técnicas meditativas y mapas mentales para llegar a la iluminación. Durante los siguientes 45 años de vida, el Buda viajó por la India impartiendo enseñanzas. Los religiosos de la época se enfrentaron a él en numerosas ocasiones al ver peligrar sus creencias y ritos, en varias ocasiones estuvieron a punto de asesinarlo, pero al ser conscientes de su compasión, humildad y sabiduría, muchos de sus enemigos se convirtieron en discípulos.

«La paz eterna es vivir con amor el presente» Siddhartha Gautama.

Confucio (551-479 a. de C.) fue un pensador chino cuya doctrina es el confucianismo. Ejerció como funcionario y maestro. Confucio propugnó el gran valor del poder del ejemplo. Decía que los gobernantes, solo pueden ser grandes si llevan vidas ejemplares y cumplen los principios morales. Así, los ciudadanos de sus Estados tendrían el necesario estímulo para alcanzar la prosperidad y la felicidad. Intentó infructuosamente inculcar sus pensamientos a los príncipes gobernantes de la época, envueltos en luchas y creciente desorden. El confucianismo basado en la buena conducta, la ética, la moral, la tolerancia, el altruismo, la armonía social y el cumplimiento del deber no cuajó en las mentes déspotas de los dirigentes chinos, que en estado de degeneración y decadencia, se aprovechaban de su poder para sublevar al pueblo. Aunque no consiguiera influir en los príncipes de su época, si caló entre numerosos discípulos que preservaron su obra (aunque él decía que no había creado nada, que solo estaba recuperando las enseñanzas de los antiguos), y en el 206 a. de C. el confucianismo se convirtió en la filosofía oficial del Estado hasta el siglo XX.

Sócrates (470-399 a. de C.) fue uno de los primeros en rebelarse contra las creencias ignorantes basadas en mitos y leyendas. Él no escribió nada, pero se convirtió en uno de los filósofos más influyentes de la historia. Una de sus citas más célebres es: "Solo sé que no sé nada". Pasaba las horas charlando con las personas en las calles de Atenas, hacía preguntas a sus interlocutores, y con ellas, les hacía ver si estaban equivocados. Una de sus máximas era que su misión consistía en ayudar a las personas a parir la debida comprensión. Fue maestro de Platón, quien se convirtió en su sucesor y dejó constancia de sus diálogos y enseñanzas. Las autoridades condenaron a muerte a Sócrates por introducir nuevos dioses y por llevar a la juventud por caminos equivocados. Fue acusado por una escasa mayoría en un jurado de quinientos miembros. Podía haber abandonado Atenas y haber huido, pero valoraba su propia conciencia y la verdad más que su propia vida. Tomó la cicuta en presencia de sus discípulos y amigos, dándoles su última lección de valentía. Sócrates había demostrado con sus reflexiones la inmortalidad del alma, así que murió en paz.

Platón (427-347 a. de C.) fue un filósofo griego discípulo de Sócrates y maestro de Aristóteles. Fundador de la Academia, destinada a investigar y profundizar en el conocimiento, donde se impartieron enseñanzas de filosofía, matemáticas, medicina, retórica y astronomía durante más de novecientos años. Platón escribió numerosas obras en forma de diálogo donde profundiza sobre filosofía, política, ética, psicología, cosmología, metafísica y trata de encontrar respuestas a las incógnitas "de dónde venimos y adónde vamos". Gracias a sus diálogos podemos conocer las enseñanzas de Sócrates, pues su maestro no dejó obra escrita. Intentó plasmar en un Estado real sus ideales políticos, razón por la cual viajó dos veces a Siracusa, con intención de poner en práctica allí su teoría política, pero fracasó en ambas ocasiones, a los que ostentaban el poder no les interesaba el modelo de ciudad ideal expuesto en "La República", fue apresado, vendido como esclavo y rescatado poco después, logró escapar penosamente corriendo peligro su vida debido a las persecuciones de los opositores.

Platón usó varios mitos para que la gente no instruida y que entiende mejor el significado en cuentos o historias, pudiera comprender las enseñanzas de una manera más sencilla. Destaca el "Mito de la caverna" que más adelante veremos en profundidad, pues nos muestra cómo los poderosos manipulan la realidad.

La obra de Platón es punto de referencia para muchos de los pensadores de la historia, desde su discípulo Aristóteles a Cicerón, Plotino, Porfirio o San Agustín. El contenido de sus diálogos sigue siendo de actualidad 2.400 años después.

Jesús de Nazaret (1-33) fue un predicador judío que proclamaba que era el hijo de Dios. Pasó sus tres últimos años de vida haciendo milagros y predicando el reino de Dios que estaba por venir. Lo hacía en forma de parábolas, que a veces, contradecían las creencias de la época y las leyes de judíos y romanos. Era un revolucionario, se enfrentaba a los poderosos y discutía con los sacerdotes en el templo, pero siempre sin usar la violencia. Predicaba que era conocedor de la Verdad, hablaba con un convencimiento que atraía a unos y exasperaba a otros. Su mayor máxima era: "Ama al prójimo como a ti mismo". Se preocupaba por los pobres, los desheredados, las prostitutas, los ladrones... clamaba perdón para todos los que habían ido por mal camino, incluso pedía perdón para los enemigos. En una época donde las lapidaciones y las condenas a muerte eran la tónica general, su mensaje de salvación y redención chocaba contra los intereses del Imperio Romano y las religiones existentes. Fue crucificado en Jerusalén bajo el mandato de Poncio Pilato y (según cuenta la Biblia) a los tres días resucitó. El cristianismo fue creado en torno a su figura y en base a sus enseñanzas, aunque (como veremos más adelante) su verdadero mensaje haya sido tergiversado en beneficio de los que ostentan el poder.

Jostein Gaarder hace una reflexión sobre los nexos en común entre dos de los revolucionarios más importantes de la antigüedad: «Tanto Jesús como Sócrates murieron por su convicción. Ambos eran enigmáticos y ninguno escribió su mensaje. Los dos eran maestros en el arte de conversar. Hablaban con una autosuficiencia que fascinaba e irritaba. Y pensaban que hablaban en nombre de algo mucho mayor que ellos mismos. Desafiaron a los poderosos de la sociedad, criticando toda clase de injusticia y abuso de poder. Y finalmente, esta actividad les costaría la vida. Los dos podían haber suplicado clemencia y haber salvado la vida. Pero pensaban que tenían una vocación que habrían traicionado si no hubieran llegado hasta el final. Los dos creían en una vida después de la muerte y esta no les causaba temor. Era más importante su mensaje y dejar un legado que perder la vida.

Ambos reunirían miles de partidarios después de su muerte. Al hablar de Sócrates vemos lo peligroso que puede resultar apelar a la sensatez de las personas. En Jesús vemos lo peligroso que puede resultar exigir un incondicional amor al prójimo y un igualmente incondicional perdón. Tiemblan los cimientos de los Estados cuando se encuentran sencillas exigencias de paz, amor, alimento para los pobres y perdón para los enemigos del Estado».

Séneca (1-65) fue un filósofo, político, orador y escritor romano conocido por sus obras de origen moralista. Fue el máximo representante del estoicismo romano. Destacó como intelectual y político, fue uno de los senadores más admirados y con más influencia de su época, siendo tutor y consejero de Nerón, pero también fue objetivo de numerosos enemigos. Lo condenaron a muerte varias veces antes de ser senador y sufrió numerosos intentos de asesinato. Condenado al exilio durante 8 años en Córcega, regresó a Roma para ocuparse de la educación de Nerón. Cuando Nerón llegó al poder con 17 años, Séneca gobernó de facto el Imperio Romano y esos ocho años se convirtieron según el emperador Trajano, en unos de los periodos de mejor y más justo gobierno de toda la época imperial. Nerón creció y se convirtió en un hombre cruel y falto de escrúpulos, asesinó a su hermano y a su madre y se desvinculó de la influencia benigna de su maestro. Séneca pidió a Nerón retirarse de la vida pública, y ofreció toda su fortuna al emperador. Fue concedida su petición, viajó durante unos años con su mujer y escribió su obra más célebre: "Cartas a Lucilio". Pero no pudo desembarazarse de la obsesiva perversión de su antiguo pupilo y se le acusó de estar implicado en la famosa conjura de Pisón contra Nerón. Aunque no existieran pruebas en su contra, la conjura de Pisón sirvió a Nerón como pretexto para purgar a la sociedad romana de muchos hombres que se consideraban un peligro para sus intereses, y entre ellos estaba el propio Séneca. Fue condenado a muerte y antes de ser arrestado, conociendo la crueldad de Nerón, se suicidó.

Siendo uno de los mayores exponentes del estoicismo y promulgador de la moralidad, se le ha tachado de hipócrita y de no llevar a cabo lo que promulgaba en su obra. Mientras que estuvo en el poder fue un hombre muy rico, fue acusado de acostarse con varias mujeres casadas y ser partícipe en los excesos de Nerón. También hay que decir que dichas acusaciones fueron hechas por sus enemigos o después de muerto. Aun así, la calidad de su obra es inestimable.

Hipatia (355-415) fue la primera mujer matemática de la que se tiene constancia. Filósofa y maestra neoplatónica destacó en los campos de las matemáticas y la astronomía. Su fidelidad al paganismo en el momento de auge del catolicismo en el estado romano le costó la vida. Fue asesinada por una turba de cristianos, tras desnudarla, la golpearon con piedras y tejas hasta descuartizarla, sus restos fueron paseados con triunfo por la ciudad hasta el crematorio donde los incineraron.

Juana de Arco (1412-1431) fue una joven campesina francesa que asegurando recibir voces de Dios, guio al ejército francés en la Guerra de los Cien Años contra Inglaterra, logrando que Carlos VII de Valois fuese nombrado rey de Francia. Posteriormente fue capturada y entregada a los ingleses. Tuvo un juicio donde la acusaron de vestir como un hombre, de abandonar a sus padres y de que esas voces que decía oír solo podían tener origen demoníaco. En total, se presentaron contra ella setenta cargos, los clérigos la condenaron por herejía y la quemaron viva a la edad de 19 años.

Lutero (1483-1546) fue un fraile católico agustino que se reveló contra la Iglesia Cristiana, impulsó la reforma Protestante y la doctrina llamada Luteranismo. Decía que el hombre no necesita pasar a través de la Iglesia o sus sacerdotes para recibir el perdón de Dios. Y el perdón de Dios aún dependía menos de pagar o no las indulgencias a la Iglesia. Pensaba que los sacerdotes no tenían ninguna posición especial ante Dios. Inició una campaña de apoyo al matrimonio sacerdotal. "Los hombres reciben la salvación totalmente gratis mediante la fe", decía. Llegó a esta conclusión leyendo la Biblia. Y esas creencias le llevaron a la excomunión y el exilio por parte de la Iglesia.

Miguel Servet (1509-1553) Este aragonés fue un teólogo y científico sobresaliente en ciencias como la astronomía, meteorología, anatomía y medicina. Fue reconocido posteriormente por su trabajo sobre la circulación pulmonar. Servet argumentaba que el dogma de la Trinidad carece de base bíblica y que Jesús es hombre nacido de mujer, por más que su nacimiento fuese milagroso. Fue juzgado por herejía y condenado a morir en la hoguera.

Galileo (1564-1642) fue un astrónomo italiano quién siguió los estudios de Copérnico e hizo pública la teoría heliocentrista (que la Tierra gira alrededor del Sol). Hay controversia sobre el castigo infringido por la Iglesia. Hay fuentes que aseguran que fue quemado en la hoguera por la inquisición, otras que fue encarcelado hasta su muerte, otras que estuvo varios años de arresto domiciliario y otras que simplemente tuvo que retractarse y dejar su teoría como una hipótesis. Para el caso que nos ocupa, lo que queda claro es que la Iglesia, una vez más, al ver peligrar las bases del Génesis se opuso a las investigaciones e intentó ocultar la verdad.

Spinoza (1632-1677) Este filósofo racionalista criticó la ortodoxia religiosa. Fue el primero en negar que la Biblia estuviera escrita por Dios, y por ello, fue perseguido y calumniado. Dijo que todo lo que existe es naturaleza, que Dios es igual a naturaleza. Veía a Dios en todo lo que existe, y veía todo lo que existe en Dios. "Dios no creó el mundo quedándose fuera de la creación. No, Dios es el mundo", decía.

Fue excomulgado y expulsado de la sinagoga por heterodoxo. Su familia intento desheredarlo y vivió una vida de exclusión enteramente entregado a la filosofía.

Rousseau (1712-1778) fue escritor, pedagogo, filósofo, músico, botánico y naturalista. Se le considera uno de los precursores del Romanticismo. Sus ideas sobre la libertad e igualdad de los hombres influyeron en gran medida en la Revolución Francesa y en las teorías republicanas. Sus escritos y excentricidades le valieron muchos enemigos, entre ellos Voltaire y la Iglesia Católica. Con su "Discurso sobre el origen de la desigualdad entre los hombres" fue acusado de negar el pecado original y de adherirse a la herejía del pelagianismo. Fue perseguido durante gran parte de su vida, teniendo que exiliarse en varias ocasiones y cuando pudo regresar a Francia, le prohibieron publicar nada más. Exponer sus ideas políticas revolucionarias donde aboga por un Estado republicano basado en la voluntad general le salió muy caro y terminó sus días apartado de la vida pública.

«El hombre nace libre, pero en todos lados está encadenado» Rousseau.

Mariana Pineda (1804-1831) fue una liberal española, cuya vida fue un ejemplo de renunciaciones, de solidaridad y amor a los suyos, dio una lección de lealtad que ha pasado a la historia. Ayudó a liberar a su primo Fernando Álvarez Sotomayor introduciendo unos hábitos en su celda para que saliera aparentando ser un fraile. Siguió ayudando clandestinamente a causas liberales hasta que fue detenida y condenada a pena de muerte por rebelión contra el orden y el monarca. No delató a sus compañeros pese a los duros interrogatorios. Su ejecución pretendió castigar la causa de los liberales, lo que la convirtió en una mártir y en un símbolo contra la falta de libertades.

Thoreau (1817-1862) fue un escritor, poeta y filósofo estadounidense. Harto de la vida en la ciudad, construyó una cabaña en el bosque y estuvo aislado dos años, dos meses y dos días, para probarse que podía vivir fuera de la sociedad. Al volver, le reclamaron el pago de impuestos que tenía atrasados y se negó a pagarlos, alegó su oposición a la guerra de México y la trata de esclavos. Fue encarcelado y escribió "La desobediencia civil" donde abogaba a no pagar los impuestos si crees que el gobierno existente no te representa. Su obra crítica hacia el poder del Estado se convirtió en referente para Gandhi y Martin Luther King.

Abraham Lincoln (1809-1865) fue el presidente de los Estados Unidos que emancipó a los esclavos y consolidó la Unión. Dirigió a los grupos que se oponían a que una minoría de señores de la tierra, enriquecidos por el empleo de esclavos negros, continuaran imponiendo su ley. Para conseguir ambas cosas tuvo que hacer una guerra civil. La ganó y fue asesinado. Su lema era "el gobierno del pueblo, por el pueblo y para el pueblo". Lo asesinó John Wilkes Booth, un simpatizante del Sur que estaba a favor de la esclavitud.

Mujeres asesinadas el 8 de marzo de 1908. Un grupo de trabajadoras del sector textil de la fábrica Cotton de Nueva York se declararon en huelga para reivindicar mejoras en sus condiciones infrahumanas de trabajo, pedían que se redujera la jornada a diez horas diarias y un tiempo para poder dar el pecho a sus hijos. Se encerraron en la fábrica ante la negativa del patrón a atender sus reivindicaciones. Se declaró un incendio (nunca se supo si fue provocado), muriendo las 129 trabajadoras que se encontraban en la fábrica. El 8 de marzo pasó a ser el día internacional para reivindicar los derechos de la mujer, y el color malva se convirtió en el símbolo de este día, por ser el color que estaban trabajando estas mujeres en el momento de su muerte.

León Tolstói (1828-1910) fue un escritor ruso, considerado uno de los escritores más importantes de la literatura mundial dejando un legado de noventa obras. Sus ideas sobre la no violencia tuvieron un gran impacto en Gandhi y Martin Luther King. Criticó a las instituciones eclesiásticas en su libro "Resurrección", lo que provocó su excomunión. Rechazó los beneficios de su obra, se deshizo de los lujos para vivir una vida sencilla entre campesinos trabajando de zapatero. Promulgó el amarse los unos a los otros y trabajar la tierra con tus propias manos.

Gandhi (1869-1948) fue el político, abogado, pacifista y pensador que liberó a la India del yugo británico. Usó métodos como la huelga de hambre y consiguió movilizar a millones de personas para reclamar sus derechos con la no violencia. Inspirado por Thoreau y Tolstói, promovía la total fidelidad a los dictados de la conciencia, usando la desobediencia civil si fuera necesario. Fue encarcelado en varias ocasiones y llevó su cuerpo y su mente al límite en las duras movilizaciones. Una vez conseguida la independencia, trató de reformar la sociedad india integrando las castas más bajas y desfavorecidas. Fue asesinado en Nueva Delhi por un radical hinduista aparentemente relacionado con grupos ultraderechistas de la India.

Martin Luther King (1929-1968) fue un pastor estadounidense de la iglesia bautista que desarrolló una labor crucial en Estados Unidos al frente de los derechos civiles de los afroamericanos. Llevó a cabo diversas actividades pacíficas reclamando el derecho al voto, la no discriminación y otros derechos civiles básicos para la gente de color. Su famoso discurso "I have a dream" sirvió para aumentar la conciencia pública de los derechos civiles. Obtuvo el premio Nobel de la Paz por su implicación en contra de la guerra de Vietnam, las desigualdades y la pobreza. En once años de actividad pública había recorrido 9,6 millones de kilómetros, hablado en público más de 2.500 veces, fue arrestado por la policía más de veinte y había sido agredido físicamente no menos de cuatro veces. Fue asesinado en Memphis por un segregacionista blanco.

Simone de Beauvoir (1908-1986) fue una escritora, profesora y filósofa francesa defensora de los derechos humanos y feminista. Su pensamiento forma parte del existencialismo y su obra "El segundo sexo", es considerada fundamental en la historia del feminismo. Se licenció en letras con especialización en filosofía, ejerció de profesora hasta que la acusaron de "incitación a la perversión de personas menores" y fue suspendida en 1943 de la Educación Nacional. Se reincorporó después de la Liberación de la Segunda Guerra Mundial. Cuando salió "El segundo sexo" creó una gran expectación y controversia. La Santa Sede se mostró contraria al ensayo y es un libro prohibido por la Iglesia católica. Se tradujo a varios idiomas, en los Estados Unidos se vendieron un millón de ejemplares y se convirtió en el marco teórico esencial para las reflexiones de las fundadoras del movimiento de liberación de la mujer. El ser humano, considera de Beauvoir, no es una "esencia" fija sino una "existencia", "proyecto", "trascendencia", "autonomía", "libertad" que no puede escamotearse a un individuo por el hecho de pertenecer al "segundo sexo". La idea fundamental del libro "El segundo sexo" es hoy asumida por millones de personas que no han leído esta obra ni han oído hablar de ella, sus principios han sido incorporados a las políticas de igualdad europeas dando lugar a los estudios feministas y de género de centros universitarios de vanguardia.

Dolores Ibárruri "Pasionaria" (1895-1989) fue una política española que destacó como dirigente en la Segunda República y en la Guerra Civil. Histórica dirigente del Partido Comunista de España, a su acción política unió la lucha por los derechos de las mujeres para demostrar que "las mujeres, fuesen de la condición que fuesen, eran seres libres para elegir su destino". Asumió la doctrina Marxista como una herramienta ideológica idónea para luchar a favor de la liberación de la clase obrera. Fue famosa por sus arengas a favor de la República y algunas citas de sus discursos: "Más vale morir de pie que vivir de rodillas" o "¡No pasarán!" Fue encarcelada varias veces por sus fuertes y punzantes discursos. Tuvo que exiliarse después de la Guerra Civil y regresó para La Transición volviendo de nuevo a la política.

Teresa de Calcuta (1910-1997) fue una monja católica que durante 45 años atendió a los más pobres entre los pobres: enfermos, huérfanos, leprosos, moribundos... Comenzó fundando la congregación de Las Misioneras de la Caridad en Calcuta en 1950 y luego extendió sus misiones por todo el mundo. La labor asistencial de la Madre Teresa despertó inicialmente numerosas sospechas, que algunos casos desembocaron en auténtica hostilidad. Era una cristiana en un país fanático de su religión y se la consideraba una profanadora de los ambientes sagrados del hinduismo; se la temía como a una proseletista sectaria. Los encargados del culto a la diosa Kali estuvieron a punto de asesinarla.

La Madre Teresa iba con un moribundo recogido en la calle, su mirada tropezó con la del perseguidor, armado con un cuchillo.

No se descompuso; lo afrontó con humilde coraje:

—Si quiere matarme, aquí me tiene, más pronto iré al cielo. Solo le ruego que no haga daño a estas personas.

El perseguidor, que ya había sido testigo de otros gestos para él insospechados, experimentó un vuelco en sus sentimientos. Se unió con sus compañeros y les dijo:

—Hermanos, renuncio al encargo. Llevo muchos años entregado al culto de la diosa Kali, cuya estatua adoramos en su templo. Os aseguro que yo acabo de ver a la diosa en persona, para mí lo es esa Monja a la que, por encargo vuestro y por prejuicio mío, estaba resuelto a matar.

La sociedad india no había tributado una acogida unánime a la Madre Teresa, por largo tiempo criticada tanto por la burguesía de Calcuta como por los comunistas, porque era extranjera, católica y sospechosa de proselitismo, y vivía entregada a los pobres a los que el sistema tradicional considera inferiores y los desprecia.

Obtuvo el premio Nobel de la Paz y el más alto galardón civil de la India, el Bharat Ratna, por su labor humanitaria. Pero su mayor legado puede que sea contagiar su compasión y su afán de servicio hacia los más desfavorecidos a miles de personas en todo el mundo.

«El mérito no está en dar lo que sobra sino en privarse de algo que cueste» Teresa de Calcuta.

Benazir Bhutto (1953-2007) fue la primera mujer que ocupó el cargo de Primer Ministro en un país musulmán, fue presidenta de Paquistán en dos ocasiones. Condenada por corrupción tuvo que exiliarse, según Bhutto los cargos contra ella eran de naturaleza política, pero no está del todo claro. Fue víctima de un atentado fallido donde murieron 139 personas, pero poco tiempo después sufrió otro atentado de Al Qaeda donde perdió la vida.

Nelson Mandela (1918-2013) fue un abogado, activista contra el apartheid, político y filántropo sudafricano. Se convirtió en el primer mandatario de raza negra de su país y consiguió unir una Sudáfrica rota por sus diferencias raciales e injusticias. Era el líder de la principal oposición al gobierno, lo acusaron de traición y lo encarcelaron durante 27 años. Los prisioneros eran víctimas de abusos y vejaciones, Mandela se dio cuenta que para ganarse el respeto de los carceleros primero tenía que respetarlos él. Comenzó ganándose a los carceleros, se aprendió sus nombres, comenzó a estudiar su idioma, el afrikaans y su historia. Se marcó el objetivo de que lo trataran con dignidad. Si lo lograba, habría muchas más posibilidades de poder hacer lo mismo con los blancos en general. Luego se ganó a los dirigentes de la prisión, se ganó a algunos políticos hasta llegar al presidente, al cual, también se ganó. Mandela se dio cuenta en la cárcel que la única forma de matar el apartheid era convencer a los blancos de que lo mataran ellos mismos, de que se unieran a su equipo y se sometieran a su liderazgo. Así que cuando salió de prisión se centró en que los blancos se dieran cuenta de la inmoralidad de sus actos. Cuando llegó al poder, Mandela ofreció garantías de que ni los funcionarios blancos, incluidos los militares, iban a perder sus trabajos, ni los granjeros sus tierras. Tampoco habría un juicio para pedir represalias. Trabajó sin descanso para eliminar el ansia de venganza del pueblo negro, pidió tanto a unos como a otros, que miraran al futuro y se olvidaran del pasado. Consiguió solucionar un conflicto que parecía imposible hacerlo pacíficamente y eso le valió el premio Nobel de la Paz.

«He anhelado el ideal de una sociedad libre y democrática en la que todas las personas vivan juntas en armonía y con igualdad de oportunidades. Es un ideal por el que espero vivir y que espero lograr. Pero si es necesario, es un ideal por el que estoy dispuesto a morir» Nelson Mandela.

XIV Dalai Lama (1935-actualidad). Tenzin Gyatso fue nombrado Dalai Lama del Tíbet a la edad de cuatro años. Siendo un adolescente fue víctima, junto a su pueblo, de la invasión china y tuvo que huir y exiliarse a Dharamsala, una ciudad al norte de la India. En Tíbet se ha hecho un verdadero holocausto, más de un millón de personas han muerto por la causa, cientos de miles han tenido que exiliarse y China les ha arrebatado su cultura y forma de vida bajo la pasividad de la comunidad internacional. El Dalai Lama viaja por todo el mundo impartiendo enseñanzas budistas, luchando por la libertad del Tíbet y promulgando la compasión y la paz mundial.

ESCLAVOS DEL SIGLO XXI

«El trabajo sin amor es esclavitud» Teresa de Calcuta.

Cuando Abraham Lincoln consiguió abolir la esclavitud en Estados Unidos dijo a los afroamericanos: «Mis pobres amigos, heos ya libres, libres como el aire. Podéis arrojar al suelo el nombre de esclavos y pisotearlo, que ya no volverá más. La libertad es derecho que tenéis desde que nacisteis porque Dios os la dio, lo mismo que a los demás hombres, y ha sido un pecado haberos tenido tanto tiempo privados de ella».

Aunque pueda parecer que la esclavitud se abolió, que vivamos en una sociedad libre, en una democracia en la que se puede pensar libremente y decir lo que piensas. Es una realidad a medias. Nos han impuesto necesidades y obligaciones sin sentido. Nos han vendido una sociedad del bienestar que asegura progreso y comodidad, pero, ¿a qué precio? Nos atamos a unos pagos mensuales que nos hacen necesitar una cantidad de dinero determinada cada mes, y para poder cubrir esos gastos, se necesita trabajar: cambiar tu tiempo y esfuerzo por unos papeles de un valor imaginario y fluctuante, cuando su verdadero valor no pasaría de hacer fuego unos segundos.

Según la encuesta realizada por el Instituto Nacional de Estadística las familias españolas destinan el 33,1% del presupuesto anual a la vivienda, el 15,1% a la alimentación, el 11,5% al transporte, el 8,3% a hoteles, cafés y restaurantes, el 5,7% al ocio y la cultura, el 4,2% a ropa y calzado, el 3,2% a la salud, el 3% a las comunicaciones, el 2% a bebidas alcohólicas y tabaco, el 1,3% a la educación y el 7,6% en otros bienes y servicios.

Para cubrir esos gastos, la familia está atada a recibir unos ingresos fijos mensuales, así que es presa de esos pagos y, cada mes, se da una vuelta a la rueda de vida consumista adquirida, para el día 1 volver a empezar y así durante toda la vida.

El filósofo Rousseau dijo: «El hombre moderno carece de verdadero "genio" o carácter original; ha sido enajenado de su verdadero ser por su servidumbre a necesidades artificiales, y ha permitido así que le esclavizaran fuerzas externas. Es irónico que la misma sociedad que pretende ser superior a las antiguas porque no tiene esclavos, permita verse sometida a formas más sutiles e insidiosas de dependencia. El hombre civil vive y muere en esclavitud. Está encadenado a objetos externos, de forma que incluso las necesidades que él considera necesarias para su existencia no son más que los productos artificiales de su entorno corrompido».

¿Cuántas de estas necesidades artificiales son necesarias? Una vez cubiertas las necesidades básicas de vivienda, comida y vestimenta, las demás son prescindibles. El consumismo creciente nos empuja a poseer bienes que nos esclavizan, somos esclavos de nuestras posesiones. Esas posesiones, los compromisos establecidos con la sociedad y la necesidad de ser aceptados por la comunidad, nos alejan de nuestra individualidad, nos corta la libertad de decisión y, por supuesto, la de acción. Muchas personas están atadas a un trabajo que no quieren efectuar por la necesidad de pagar las facturas. No se sienten realizados como individuos y se ven atrapados en esa rueda sin fin, contribuyendo a que los que manejan los hilos sean cada vez más ricos.

El Doctor C. Wright Mills dice: «Una democracia capitalista suele ser gobernada por "la élite del poder". Esta élite procura la ocupación de sus fábricas, oficinas y comercios a varios millones de trabajadores del país, domina a muchos más prestándoles dinero para la compra de lo que ella produce y, en su condición de dueña de los medios de comunicación en masa, influye en el pensar, el sentir y el obrar de prácticamente todo el mundo».
Ya lo dijo Winston Churchill: «Nunca tantos han sido manipulados por tan pocos».

Nos imponen unas necesidades a base de influir en nosotros en los medios de comunicación, trabajamos para satisfacerlas, pero como ese trabajo no nos dota del suficiente capital, tenemos que pedir prestado ese dinero a un banco y deberemos pagar una cuota mensual durante meses o años.

Supongamos que compramos una casa. Un hombre trajeado, muy amable y educado, nos atiende encantado de que firmemos decenas de papeles. Según el mercado y los intereses actuales podemos hacer frente a esos pagos. Firmamos una hipoteca a treinta años, pero a lo mejor no sabemos que estamos firmando nuestro contrato de esclavitud. ¿Quién nos asegura que dentro de unos años podremos hacer frente a esos pagos?, ¿quién nos confirma que en poco tiempo no subirán los intereses y tendremos que pagar una cifra mayor?, ¿y si quieres cambiar de ciudad?, ¿cómo puedes saber si tu recién adquirida vivienda no se devaluará en breve?, dado el caso ¿la podrás vender? Los bancos son los nuevos negreros, son los que cuando te conceden un préstamo también te están invitando a que firmes tu contrato de esclavitud, y lo peor de todo es que lo haces voluntariamente.

Tony Benn dice que: «en la idea del poder de elección que los capitalistas mencionan todo el tiempo. La elección depende de la libertad de elegir. Si estás lleno de deudas, no tienes libertad de elección. La gente endeudada se desespera y la gente desesperada no vota. Siempre dicen que todos deben votar pero creo que si un pobre de Gran Bretaña o Estados Unidos votara a alguien que representara sus intereses sería una verdadera revolución democrática. Y no quieren que ocurra».

La esclavitud del presente, es sobre todo, una esclavitud económica, que empuja a un número elevado de personas a prostituirse, o lo que es lo mismo, a llevar a cabo un trabajo que no quieren a cambio de dinero. Cuando amas tu trabajo, cuando está en consonancia con tus dones y talentos, ya no se puede llamar trabajo, es otra cosa (en un capítulo posterior ahondaremos en esta cuestión). Para vivir en esta sociedad se necesita dinero, eso es indudable, pero la cuestión es que conseguir ese dinero no se convierta en un lastre que limite tu capacidad de reacción, elección y decisión. La única manera de librarte de ese lastre es soltarlo, bien reduciendo al mínimo tus necesidades y con ello rebajar considerablemente tus pagos mensuales, o bien teniendo un colchón económico que te aporte seguridad y esa capacidad de movimiento que te dejará margen de maniobra ante posibles cambios. Lo mejor sería una mezcla de las dos, ejerciendo con inteligencia la primera, se puede llegar a la segunda. Un buen colchón que te aporte seguridad sería contar con el suficiente dinero para poder cubrir tus gastos sin necesidad de trabajar durante un año. Tendrías un margen de maniobra para cualquier eventualidad y si decidieras cambiar de trabajo o de ciudad, podrías hacerlo sin que ello te supusiera demasiada incertidumbre, y no tendrías la necesidad de coger lo primero que encuentres por la obligación de pagar las facturas.

Otra manera de obtener seguridad sin necesidad de tener unos ahorros, es que tu trabajo lo puedas ejercer en cualquier lugar y circunstancia, dependa de ti y no necesites de mucha inversión: un local, personal, ni demasiados utensilios para llevarlo a cabo. Puede sonar algo inalcanzable, pero cantidad de personas solo necesitan un ordenador y una conexión a internet para ejercer su trabajo, lo pueden hacer en cualquier lugar del mundo y a cualquier hora. Ellos gestionan su tiempo y si han sabido minimizar sus gastos, tienen un margen de maniobra enorme. La era industrial impuso jornadas laborales estandarizadas, trabajar ocho horas diarias (antes muchas más) durante cinco o seis días a la semana y, disfrutar días de descanso por convenio en fechas señaladas de antemano. Una de mis máximas es que la felicidad consiste en no saber en qué día estás, que no te importe que sea lunes, domingo, día 4 o 25. Porque, ¿qué diferencia hay entre un martes o un sábado? A un pájaro o cualquier otro ser vivo (aparte del hombre) no le importa lo más mínimo, a un indígena que vive en la selva tampoco, incluso a un agricultor que vive de la tierra le afecta demasiado. Pero cualquier trabajador con un horario estandarizado pasa la semana esperando que llegue el viernes por la tarde o, mientras está disfrutando del fin de semana, le acecha la sombra del madrugón del lunes.

Ser esclavo de un horario es antinatural, la naturaleza se rige por el sol y las estaciones del año, no por días laborables. Pero estamos tan acostumbrados desde la niñez a cumplir horarios que lo vemos como algo normal y lo aceptamos con mayor o menor agrado. Ahora se lleva a los niños a la guardería antes de los dos años, desde muy pequeños se les acostumbra a pasar unas horas establecidas, de lunes a viernes, en un lugar determinado, ejecutando acciones ajenas a su voluntad, pues aunque vayan a jugar, ellos preferirían quedarse con sus padres. En el colegio se continua esta moldeación a los horarios preparándoles para la vida laboral. Aquí no digo que tener unos horarios establecidos sea bueno o malo, ni que sea necesario o no, pero cuando esos horarios no los has elegido tú, ni tienes potestad para variarlos, no deja de ser una forma de pérdida de libertad. La sociedad se adecua a esos horarios y resulta curioso viajar en metro o simplemente pasear por una gran ciudad un lunes, entre las siete y las nueve de la mañana, y observar a esas personas que se desplazan hacia su lugar de trabajo, con la mirada baja y el ánimo más bajo todavía.

Tolstói dijo: «Es suficiente con que alguien tome plena conciencia de esto para que se vuelva loco o se pegue un tiro. (…) Solo así se puede explicar el horrible empeño con el que la gente de hoy en día trata de atontarse valiéndose de alcohol, tabaco, opio, cartas, lectura de periódicos, viajes o cualquier tipo de espectáculo o entretenimiento. Todos estos pasatiempos son considerados asuntos serios e importantes. Y realmente son importantes: si no existieran estos medios externos de evasión, la mitad de la gente se pegaría un tiro inmediatamente, porque vivir en contradicción con tu raciocinio es una situación insoportable. Y en esta situación se encuentra el hombre moderno, que vive en una constante y escandalosa contradicción entre su conciencia y su vida. (…) Estamos bajo el poder de unas leyes que nosotros mismos hemos hecho para protegernos y que nos oprimen. Hemos dejado de ser personas y nos hemos convertido en objetos, propiedad de algo inventado que llamamos Estado, un Estado que nos esclaviza en nombre de la voluntad de todos, cuando todos, preguntados aisladamente, quieren precisamente lo contrario de lo que les obligan a hacer... (...)

A parte de que el poder corrompe a los hombres, el interés e incluso la aspiración inconsciente de los que ejercen la violencia consiste siempre en debilitar al oprimido lo máximo posible, ya que cuanto más debilitado esté este, menos esfuerzos serán necesarios para oprimirlo.

La mejor prueba de esto, la tenemos en la situación de las clases obreras en nuestro tiempo (año 1894), que no es otra cosa que gente sometida.

A pesar de todos los fingidos esfuerzos de las clases altas por aliviar la situación de los obreros, todos están subyugados a una férrea ley inmutable, según la cual tienen lo indispensable para sobrevivir, y así forzarles a tener que trabajar para sus amos, que actúan de hecho como los conquistadores del pasado».

Yual Noah Harari dice que: «los humanos crearon órdenes imaginados y diseñaron escrituras para alentar a la gente a cumplirlos. Los órdenes imaginados que sustentaban estas redes no eran neutros ni justos. Dividían a la gente en grupos artificiales, dispuestos en una jerarquía. Los poderes superiores gozaban de privilegios y poder, mientras que los inferiores padecían discriminación y opresión. Se estableció una jerarquía de superiores, plebeyos y esclavos. Los superiores tenían todas las cosas buenas de la vida, los plebeyos lo que sobraba y los esclavos recibían una paliza si se quejaban. Los poderosos fundamentaban esta jerarquía como que estaba hecha por Dios. (...) Desde la Revolución francesa, las personas de todo el mundo han llegado gradualmente a la convicción de que la igualdad y la libertad individual son valores fundamentales. Sin embargo, estos valores son contradictorios entre sí. La igualdad solo puede asegurarse si se recortan las libertades de los que son más ricos. Garantizar que todo individuo será libre de hacer lo que le plazca es inevitablemente una estafa a la igualdad».

«La libertad nunca se da voluntariamente por el opresor; se debe demandar por el oprimido» Martin Luther King.

Con datos tomados de el "Cuellilargo" y por mi opinión al leer dos libros escritos a principios del siglo pasado que retrataban cómo sería la sociedad en el futuro: "1984" de George Orwell y "Un mundo feliz" de Aldous Huxley. Según sus obras, el mundo se convertiría en una distopía, con una sociedad reprimida, sin libertades, estandarizada y adormecida. Una sociedad donde unos pocos dictarían la forma de vida del resto y una revolución resultaría inalcanzable. En "1984" se impone un control autoritario donde pensar libremente es un delito, todo el poder lo tiene el Estado, el Gran Hermano. Es una dictadura donde manipulan a todo el mundo con la propaganda y la información. Había un Ministerio de la Verdad donde reescribían la historia a conveniencia del Estado. La policía vigilaba a las personas con cámaras y micrófonos, y hasta adoctrinaban a los niños para que delataran a sus padres en caso de verles cometer un delito. Las consignas del partido eran: "La guerra es la paz. La libertad es la esclavitud. La ignorancia es la fuerza". Estaban continuamente en guerra para generar un estado de miedo continuo, pero cuando la guerra se hace continua, ha dejado de existir, pues la gente no conoce otro modo de vida. Había una clase social predominante que tenía las riquezas, pero para poder mantenerlas, estaban atados a ser fieles al Partido. Los funcionarios del Estado eran la clase media, aunque tenían las necesidades básicas cubiertas, estaban sujetos a el mayor control y adoctrinamiento por parte del Partido, y en último lugar estaban los denominados Proles, eran el grupo de mayor individuos, apenas tenían vigilancia, vivían en condición de pobreza pero tenían libertad para pensar y expresarse mientras no fueran peligrosos para el Partido. No tenían acceso a la educación ni a la información y vivían en condiciones infrahumanas. En el libro se dice: "Los proles, no era deseable que tuvieran sentimientos políticos intensos. Todo lo que se les pedía era un patriotismo primitivo al que se recurría en caso de necesidad para que trabajaran horas extraordinarias o aceptaran raciones más pequeñas. E incluso cuando cundía entre ellos el descontento no servía de nada porque, por carecer de ideas generales, concentraban su instinto de rebeldía en quejas sobre minucias de la vida corriente. Los grandes males, ni los olían. Los proles seguirán, de generación en generación y de siglo en siglo, trabajando, procreando y muriendo, no solo sin sentir impulsos de rebelarse, sino sin la facultad de comprender que el mundo podría ser diferente de lo que es. Solo podrían hacerse peligrosos si el progreso de la técnica industrial hiciera necesario educarles mejor".

En el libro se dice repetidas veces que si había esperanza, tenía que estar en los proles. Eran el 85% de la población. "Si pudieran darse cuenta de su propia fuerza, no necesitarían conspirar. Si quisieran podrían destrozar al Partido. Hasta que no tengan conciencia de su fuerza no se rebelarán, y hasta después de haberse rebelado, no serán conscientes". Este es el problema. Ahora, ese 85% a los que se les puede llamar "Proles" estamos educados, tenemos acceso a la información, conocemos los abusos y podríamos dejar de aceptarlos, pero estamos tan condicionados, distraídos por entretenimientos y tan poco unidos que aceptamos la vida tal como nos la encontramos.

En "Un mundo feliz" se hace de una manera más placentera. Engendran hombres y mujeres estandarizados, en grupos uniformes. Los fecundan artificialmente y de un solo óvulo pueden nacer decenas de mellizos casi idénticos. Todo el personal de una fábrica podría ser el producto de un solo óvulo. Los engendran en diferentes grupos sociales con características e inteligencia estandarizados según su clase, los adoctrinan con propaganda y hasta con hipnosis mientras duermen para que no cuestionen su papel en el mundo y lo amen. En el libro se dice: "—El tipo de población óptima es lo más parecido a un iceberg: ocho novenas partes por debajo de la línea de flotación y una novena parte por encima.

—¿Y son felices los que se encuentran por debajo de la línea de flotación?

—Más felices que los que se encuentran por encima.

—¿A pesar de su horrible trabajo?

—A ellos no se lo parece. Al contrario, les gusta. Es ligero, sencillo, infantil. Siete horas y media de mínimo esfuerzo, y después la ración de soma, los juegos... Se les podría reducir la jornada a cuatro horas, pero no serían más felices. Fue comprobado y provocó inquietud y aumento en la cantidad de soma. Aquellas horas extra de ocio no resultaron una fuente de felicidad, la gente se sentía inducida a tomar soma para librarse de ellas".

En vez de usar la represión y el miedo de "1984", se utilizaba la hiperestimulación, hay cientos de estímulos y la sociedad parece que es feliz con la infinidad de distracciones existentes, que acaban por ensordecer a la sociedad. Dice Huxley que: «la naturaleza de la compulsión psicológica es tal que quienes actúan coaccionados permanecen con la impresión de que están obrando por iniciativa propia. La víctima de la manipulación no sabe que es una víctima. Los muros de su prisión son invisibles para ella. Se cree libre. Su falta de libertad solo se le manifiesta a otros. Es una servidumbre estrictamente objetiva».

Un estudio de la universidad de California dice que recibimos 34 Gb de información y que por nuestros ojos y orejas pasan más de 100.000 palabras cada día. Miramos el móvil unas cien veces al día, lo usamos una media de tres horas y lo tocamos unas 2.500 veces. Cada día recibimos entre 4.000 y 10.000 impactos de publicidad. La mayoría de la gente coincide en que ese uso no le aporta nada, tras una hora haciendo scroll infinito, levanta la vista y siente como un vacío. El soma produce ese efecto en un mundo feliz. El soma es una droga que los habitantes toman compulsivamente para ser felices. En "Un mundo feliz" cuando la hiperestimulación no funciona toman el soma. Una droga antidepresiva y alucinógena que actúa de inmediato. Instagram, Facebook, realitis y la telebasura es el soma de nuestros días. Recibimos tal cantidad de información que nos ensordece, nos atonta y nos ciega. Y las cosas gravísimas que están pasando quedan tapadas por esas imágenes coloridas, placenteras y banales que abarrotan nuestras pantallas y nuestros cerebros. Parece que Huxley tuviera más razón, pero en el momento en que un individuo se desvía, deja de tomar soma y levanta la voz para avisar al resto... entonces despierta la cara Orweliana: la que manipula, la que censura, la que reprime, la que tortura y la que controla por el miedo. Entonces no hay una revolución porque cuando no funciona la sedación actúa la represión.

«Los seres humanos no pueden ser completamente humanos sin libertad» Huxley.

León Tolstói dijo: «Todas las exigencias de los Estados a sus súbditos de pagar tributos, realizar deberes sociales y obedecer (que son impuestas mediante el castigo, el destierro, las multas, etcétera, aunque en apariencia la gente se someta a ellas por voluntariamente) se basan siempre en la violencia física o en la amenaza de recurrir a ella.

La base de toda autoridad es la violencia física.

(...) El poder siempre se encuentra en manos de quien controla los ejércitos, y todos los soberanos, desde los césares romanos hasta los emperadores rusos y alemanes, por lo único que siempre se han preocupado ha sido por agasajar a sus tropas, porque saben que solo si el ejército está con ellos conservarán el poder.

Y fue esta formación de los ejércitos y su proliferación (indispensable para conservar el poder) lo que introdujo en la concepción social de la vida su principio corruptor.

El objetivo de la autoridad y su justificación consiste en tratar de someter a aquellos individuos que tratan de conseguir sus intereses personales en detrimento de los intereses comunes. Pero ya obtuviera un hombre el poder gracias al ejército, ya fuera por herencia o por elección, este no se diferenciaba de otros hombres y, por ello, no sacrificaba sus intereses por los del grupo, sino todo lo contrario: al tener el poder en sus manos era más propenso que ningún otro a someter los intereses del grupo a sus intereses individuales. Por más sistemas que se hayan inventado para impedir que aquellos que se encuentran en el poder sometan los intereses comunes a los suyos propios, o para poner el poder únicamente en manos de hombres intachables, hasta ahora no se ha hallado ningún sistema que logre ni lo uno, ni lo otro».

«El hombre es el artífice de su propio destino, en el sentido de que es libre para escoger la manera con que va a usar de su libertad. Pero el resultado se le escapa de las manos» Gandhi.

Huxley dice que: «los electores de mañana, no tienen fe en las instituciones democráticas, no se oponen a la censura las ideas impopulares, no creen en la imposibilidad del gobierno del pueblo por el pueblo y se sentirían perfectamente contentos, siempre que pudieran continuar viviendo en la forma a la que se han acostumbrado durante la bonanza, de que los gobernara desde arriba una obligarquía de variados peritos. El hecho de que haya tantos jóvenes y bien alimentados espectadores de televisión que muestren tan completa indiferencia por la idea de gobernarse así mismos y sientan tan poco interés por la libertad de pensamiento y el derecho a disentir es triste, pero no muy sorprendente. "Dadme televisión y hamburguesas y no me fastidiéis con las responsabilidades de la libertad"».

Un niño paseaba con su padre por las afueras de la ciudad, vio una carpa y un cartel enorme donde se anunciaba que había llegado el circo.
—¿Podemos ir a verlo? —le preguntó ansioso a su padre.
—¡Claro! —contestó.
Cogidos de la mano se dirigieron a la carpa, y lo que más llamaba la atención, era un enorme elefante encadenado cerca de la entrada. Muchos niños miraban con expectación al grandioso animal que permanecía inmóvil con gesto de resignación. Se acercaron a la multitud, y al niño le sorprendió algo: el elefante estaba atado con una cadena muy gruesa amarrada a una estaca minúscula apenas enterrada unos centímetros en el suelo.
—Papá, con lo grande y fuerte que es el elefante, ¿por qué no arranca la estaca y escapa?

—*Estará amaestrado* —*dijo su padre.*

—*Y si está amaestrado, ¿por qué lo encadenan?*

El padre se quedó pensando unos segundos y dio con la respuesta.

—*No se escapa porque cree que no puede. Lo llevan encadenando a una estaca desde que era pequeño, cuando era solo un bebé intentaba liberarse, seguro que lo intentó durante días y días, pero al cabo de un tiempo se rindió y aceptó que cuando estás encadenado no puedes escapar.*

Las personas no se liberan de las cadenas que les atan a una vida que no desean porque creen que no pueden. Como al elefante, desde niños les atan con condicionamientos y creencias, con barreras infranqueables y miedos. Se rinden y aceptan lo que se les impone. ¿Y si ha llegado el momento de romper las cadenas?

«El pájaro nacido en una jaula cree que volar es una enfermedad» Jodorowsky.

PLEBEYOS MODERNOS

Si hay un Rey tiene que haber unos plebeyos que le rindan pleitesía. No es posible una cosa sin la otra. Si eres monárquico asumes que eres un plebeyo, pero eres libre de no considerarte libre. Aceptas que una saga familiar de personas obtengan un poder y unos beneficios, pasados de una generación a otra, por el simple hecho de tener un apellido, contribuyes a que se perpetúe la diferencia de clases por el mero hecho de que te lo han impuesto. ¿Dónde está aquí la ecuanimidad? ¿Es posible la igualdad en una sociedad que acepta que no es igual a un Borbón, que consiente que un reducido grupo de la aristocracia mantenga su superioridad eternamente? Es imposible ser libre mientras haya reyes, mientras tengamos que rendir obediencia y pleitesía a alguien impuesto.

Vamos a echar la vista atrás, a la Edad Media, donde los humildes nacían ligados a una tierra que tenían que trabajar para un señor, el Rey, que les ofrecía lo justo para sobrevivir. Si había una guerra, debían aportar hijos o dinero para el ejército. Y salir de ahí era imposible pues la nobleza y la Iglesia se aseguraban de ostentar todo el poder. Dice Orwell que: «los capitalistas eran los dueños que todo lo que había en el mundo y todos los que no eran capitalistas pasaban a ser sus esclavos. Poseían toda la tierra, todas las casas, todas las fábricas y el dinero todo. Si alguien les desobedecía, era encarcelado inmediatamente y podían dejarlo sin trabajo y dejarlo morir de hambre. Cuando una persona corriente hablaba con un capitalista tenía que descubrirse, inclinarse profundamente ante él y llamarle señor. El jefe supremo de todos los capitalistas era el Rey...»

¿Cómo es posible que en pleno siglo XXI, el siglo de la información, se siga manteniendo a los herederos de esos reyes?, ¿cómo pueden seguir manteniendo sus incalculables riquezas conseguidas a base de la explotación de los antiguos plebeyos?

En la Edad Media los reyes tenían poder, decidían por el pueblo, no para el pueblo. Y con la espada, y muchas veces, en nombre de Dios, conquistaban reinos o defendían los suyos. Pero ahora... ¿qué sentido tiene que haya un rey? Está claro que en la actualidad su labor es meramente diplomática y otra forma más de tener entretenidos a sus plebeyos con apariencias públicas, mostrando grandeza y ostentosidad, aparentando ser una familia feliz, para ser el ejemplo de familia perfecta, todos sonrientes y perfectos bajo las cámaras. Y poder salir en las revistas del corazón y la televisión para disfrute y regocijo de las señoras mientras esperan en la peluquería.

¿Y no podrían hacer su trabajo unos diplomáticos o diplomáticas elegidos en las urnas o, mejor aún, que lograrán el puesto en una oposición? Nos saldría infinitamente más barato y sería algo justo.

Vamos a ver el presupuesto de la Casa Real para el año 2017 según la web de la Casa Real, que desde que se decretó la ley de transparencia se hace público.

Según el artículo 65.1 de la Constitución el Rey recibe de los presupuestos de Estado una cantidad global para el sostenimiento de su familia y casa, y distribuye libremente la misma. La cantidad global asignada para el ejercicio 2017 es de 7.818.890 euros. Se distribuye de la siguiente manera:

Familia Real 668.952€
Gastos de personal 3.755.950€
Gastos corrientes 2.877.988€
Fondo de contingencia 65.000€
Inversiones 451.000€

Vamos a estudiar más a fondo el presupuesto. El importe asignado al sueldo de la Familia Real se reparte entre cuatro beneficiarios:

El Rey 238.908€
La Reina 131.400€
El antiguo Rey Juan Carlos 191.124€
La antigua Reina Sofía 107.520€

El rey Felipe cobra de dinero público 19.909€ al mes, 27 veces es salario mínimo interprofesional. Y estamos viendo que los antiguos reyes, apartados casi por completo de sus funciones, están cobrando entre los dos 298.644€ al año.

En el presupuesto se especifica como gastos de personal 3.755.950€. Según el diario "El Mundo", en La Zarzuela trabajan más de 300 personas, sin contar el personal de seguridad, hay tres cuerteles de la Guardia Real con más de 1.500 hombres al servicio exclusivo del rey, cuyo sueldo queda fuera del presupuesto asignado por el Estado.

Estamos hablando de 1.800 personas al sevicio de la Casa Real. ¿Es necesario semejante despliegue humano para asistir a una sola familia?, ¿cuánto nos ahorraríamos si las personas que hicieran su labor no fueran de linaje real?

Para gastos corrientes se destina 2.877.988€. Con semenjante despliegue humano, inmoviliario y técnico no es de extrañar que para arrendamientos, material, reparaciones, mantenimiento y suministros se empleen casi tres millones de euros.

Se reserva 65.000€ en el fondo de contingencia para imprevistos en el presupuesto.

Y para inversiones 451.000€, gran parte de ellas son en mejorar la innovación tecnológica.

Según "La Sexta TV" con datos del año 2013: Estos ocho millones de euros no es todo el dinero que cuesta la Casa Real a los españoles. Porque hay ministerios que le dedican partidas todos los años. El Ministerio de Exteriores paga sus viajes, en 2013 se presupuestaron 696.000€. El Ministerio de Presidencia también contribuye, pagó al personal de la Corona 6,1 millones. Además, paga recepciones oficiales, audiencias civiles y oficiales, cenas de gala y visitas de jefes de Estado. En 2013 hubo 96 actos presupuestados que costó a la Presidencia unos 10 millones de euros más. Por último, lo que dedica este mismo Ministerio a conservar el Patrimonio Nacional de la Casa Real, unos 26 millones de euros más. En total, en 2013 la Casa Real costó al Estado más de 50 millones de euros. Todo sin contar con las partidas que dedica el Ministerio de Interior o el de Defensa a la seguridad, o el de Hacienda a los vehículos de la Casa Real porque a esos datos no es posible acceder.

Queda claro que los más de cincuenta millones que supone al Estado la Casa Real al año es una suma muy elevada, ¿pero a cuánto asciende la fortuna de la familia Real? Según un artículo del "The New York Times" la fortuna en 2012 del rey Juan Carlos I de Borbón ascendía a 1.800 millones de euros, el periódico neoyorquino alude al estilo de vida lujoso y la fortuna opaca del antiguo rey de España. ¿Vamos a seguir permitiendo que en pleno siglo XXI se siga perpetuando la monarquia?

Además, de los beneficios económicos ligados a su posición, con el caso Nóos y las grabaciones de Corinna ha quedado demostrado que también se benefician de anmistía legal. El artículo 56.3 de la Constitución declara que la figura del rey es inviolable y no está sujeta a responsabilidad, o sea, que no pueden ser perseguidos judicialmente. En el caso Nóos, que comenzó en el año 2010, se acusa a Iñaki Urgangarín, marido de la Infanta Cristina de Borbón, de malversación, fraude, prevaricación, falsedad y blanqueo de capitales por valor de 4,5 millones de euros. La Infanta fue imputada por un presunto delito de blanqueo de capitales, según el "diario.es", aseguró que desconocía absolutamente todas las gestiones que realizaba la empresa Ainzon ya que confiaba plenamente en su marido, con quien compartía al 50% la propiedad mercantil. O sea, que una licenciada en Política, que ha participado en comisiones de la Unesco, directora Internacional de la Fundación La Caixa, ¿no sabe lo que firma?,

¿qué ha podido estar engañada durante años por su marido? Y si fuera así, después de todo lo sucedido ¿cómo no se ha separado? Cualquier otra persona en su misma situación habría pagado con la cárcel, pero como era la hija del Rey y sexta en la línea de sucesión ha quedado absuelta. En las grabaciones de Corinna también se deja entrever que el antiguo rey Juan Carlos estuvo implicado en el caso Nóos, ¿será su yerno el que va a pagar por los chanchullos de la Casa Real? Urdangarín ha sido condenado a seis años y tres meses de prisión, en junio de 2018, ocho años después de que saltara el escándalo, ha entrado en la cárcel en una celda aislada del resto de presos y con lujos dignos del yerno del Rey.

En las grabaciones de Corinna, la amante del Rey es grabada en una conversación con el excomisario José Manuel Villalonga publicada en "El Español" y "Ok Diario". En la conversación, la aristócrata alemana afirmaba que el Rey la habría usado como testaferro para ocultar parte de su patrimonio y propiedades en el extranjero. Ponía propiedades a su nombre para blanquear dinero y aseguraba que habría creado estructuras opacas a nombre de terceros. También hablaba de las numerosas amantes del Rey dando nombres y datos concretos. El escándalo saltó a la luz y se abrió de nuevo la pregunta: ¿hay que investigar al antiguo Rey y pedirle responsabilidades? Pero como era de esperar... ni el juez de la Audiencia Nacional ni Hacienda ven indicios de delito, ni van a investigar a Juan Carlos de Borbón.

¿La justicia es igual para todos?

Hasta que como dijo Abraham Lincoln sea "el gobierno del pueblo, por el pueblo y para el pueblo", hasta que no se elija hasta el último representante público, hasta que todos los ciudadanos sean iguales ante la ley, no será posible ser totalmente libres.

¿JUSTICIA PARA TODOS?

Dice Rousseau que: «la peor nación es la que tiene muchas leyes; la existencia de numerosas leyes significa que los ciudadanos sienten la necesidad de someterse a limitaciones externas, en lugar de confiar en su propia fortaleza interna. El espíritu universal de las leyes de todos los países favorece siempre al fuerte frente al débil, al que posee bienes frente al que no posee nada; este inconveniente es inevitable y sin excepción».

Y si además esas leyes no son iguales para todos, si están hechas para favorecer a la minoría, a los que ostentan el poder y el dinero, el resto está abocado a padecer abusos e injusticias.

Según el libro "1984" de Orwell: «Durante todo el tiempo que se tiene noticia, ha habido en el mundo tres clases de personas: Los Altos, los Medianos y los Bajos. Los fines de los tres grupos son inconciliables. Los Altos quieren quedarse donde están. Los Medianos tratan de arrebatarles sus puestos a los Altos. La finalidad de los Bajos (cuando la tienen, porque su principal característica es hallarse aplastados por las exigencias de la vida cotidiana), consiste en abolir todas las distinciones y crear una sociedad en que todos los hombres sean iguales. Los Medianos llevan junto a ellos a los Bajos porque les han asegurado que ellos representan la libertad y la justicia. Pero cuando logran su objetivo y llegan al poder, los Medianos abandonan a los Bajos y los relegan a su antigua posición de servidumbre, convirtiéndose ellos en los Altos. De los tres grupos, solamente los Bajos no logran sus objetivos ni siquiera transitoriamente. Hoy, el ser humano se encuentra mejor que hace unos siglos. Pero ninguna reforma ni revolución alguna han conseguido acercarse ni un milímetro a la igualdad humana. Desde el punto de vista de los Bajos, ningún cambio histórico ha significado mucho más que un cambio en el nombre de sus amos. Esta forma jerárquica había sido la doctrina privativa de los Altos. Fue defendida por reyes, aristócratas, jurisconsultos, etc. Los Medianos, mientras luchaban por el poder, utilizaban términos como "Libertad", "Justicia" y "Fraternidad". Hicieron revoluciones bajo la bandera de la igualdad, pero se limitaron a imponer una nueva tiranía apenas desaparecida la anterior».

Vamos a nombrar aquí algunas de esas injusticias y desigualdades, que siguen perpetuando la diferencia de clases y derechos. Es imposible enumerarlas todas, pues se necesitaría escribir decenas de libros, con mostrar unas cuantas será suficiente para hacernos una idea de los abusos a los que nos vemos sometidos.

«Nunca olvides que todo lo que hizo Hitler era legal» Martin Luther King.

Hay algunas leyes que no tienen sentido o se han quedado desfasadas, como el no poder dormir en tu furgoneta o autocaravana en la calle. Cada vez hay más personas que optan por este tipo de turismo, que aunque no deja dinero a hoteles y campings, si que deja a bares, restaurantes, tiendas, gasolineras y otros negocios del lugar. Dormir en un espacio natural o lugar público, aunque no se moleste a nadie, te puede costar una multa. Si el vehículo está obstruyendo algún paso, infringiendo alguna ley de tráfico o ensuciando los alrededores sería lógica la multa, pero que multen por dormir en tu vehículo propio, del cual pagas todos los impuestos, hasta la homologación pertinente para que el vehículo sea vivienda, no tiene sentido. O sea, que te cobran unos 600 euros de impuestos por homologar el vehículo y luego te multan por hacer uso de él...

La prohibición de la venta ambulante también tiene muchos matices. Un músico, escritor, agricultor o ganadero no puede vender sus productos directamente a sus clientes. Lo que es justo es que los discos o los libros se vendan en las tiendas y al autor le llegue como mucho el 10% del valor de su obra. Que a los que cultivan las hortalizas les lleguen unos céntimos por cada kilo, o como me contó un pastor de ovejas al que le pagan la lana a 30 céntimos el kilo, la manda a Pakistán donde fabrican la chaqueta y se la venden a Inditex a 2,80€ ya terminada. El consumidor la compra en la tienda por 60€, lo que es más del 95% del valor de producción.

Las fuentes de energía son necesarias para mantener nuestro estilo de vida, los gobiernos lo saben y se aprovechan de ello.

Por cada litro de gasolina se paga un 55,5% de impuestos, más de la mitad del valor de los carburantes va a parar a las arcas del Estado.

Según la "Unesa" el 58% de lo que se paga en el recibo de la electricidad no tiene nada que ver con el sistema electrico, entre IVA, impuestos a la electricidad, primas a energías renovables, ayudas al carbón o solidaridad interregional, el precio de la factura se dispara hasta volverse insostenible. Por cada 100€ que pagamos en una factura eléctrica, al rededor de 58€ van a parar a las arcas públicas.

Y si quieres generar tu propia electricidad con el mayor productor de energía que disponemos: el Sol. Una energía limpia, renovable y no perecedera que el gobierno se afana en que no se aproveche con uno de los impuestos más injustos y demenciales, el impuesto al sol. Según el ingeniero experto en energía Jorge Morales de Labra: la normativa vigente es un impulso contra las energías renovables, es la más restrictiva del mundo para auto-abastecerse de energía. Se ponen infinidad de trabas administrativas: un contador específico, permiso de conexión, pago de estudio de conexión, derecho de acometida, etc. Eso supone 1.500€ en trámites antes de empezar a producir electricidad. Si generas excedente de energía te obligan a regalarla, a no ser, que te conviertas en productor, pagando autómos y demás impuestos, lo que lo hace inviable.

Vamos a ver lo que supone en coste la compra de una instalación fotovoltaica para una familia con una factura de electricidad media anual de 800€ y cómo afecta a su bolsillo el impuesto al sol. Como seguiría enganchada a red para poder consumir electricidad cuando no pueda generar energía solar, quitanto los pagos fijos por estar conectado podría ahorrar 600€ al año como mucho. En este caso, el coste de la instalación serían unos 5.000€, habría que sumar 1.500€ más en burocracia, otros 5.000€ por la batería y finalmente unos 220€ al año por el impuesto al sol, el periodo de amortización se dispara a 30 años, lo cual lo hace practicamente inviable pues dentro de ese tiempo es muy probable que haya que volver a invertir en renovar elementos de la instalación.

Los vicios como el tabaco y el alcohol son los más castigados. Según "eleconomista.es" el 78,4% del precio de una cajetilla de tabaco y el 42% en la bebidas alcohólicas de alta graduación son impuestos. Al Estado le sale muy rentable que los ciudadanos beban y fumen.

Tolstói dijo: «Los gobiernos hacen ver que apoyan las sociedades de abstemios, mientras viven en su mayor parte del alcoholismo del pueblo; del mismo modo hacen ver que apoyan la educación, mientras su fuerza se sustenta únicamente en la ignorancia; del mismo modo hacen ver que apoyan la libertad de la Constitución, mientras su fuerza se sustenta únicamente en la falta de libertad; hacen ver que se preocupan por la mejora de las condiciones de vida de los obreros, mientras su existencia se basa en la opresión de estos; hacen ver que apoyan al cristianismo (el verdadero cristianismo, no el de la Iglesia), cuando el cristianismo destruye a cualquier gobierno».

Estamos trabajando para pagar y pagar más impuestos. Según un estudio hecho por "Escuela de riqueza". Pongamos de ejemplo a un español llamado Juan, la empresa donde trabaja le paga 2.000€ como salario, de ahí le quitan 511,35€ de cotización a la Seguridad Social y conceptos de recaudación conjunta, 166,28€ de retención IRPF, 69,97€ de contingencias comunes y 24,96€ de formación y desempleo. A Juan le quedan 1.227,84€ de salario neto. O sea, que de su sueldo, 772,16€ van para el Estado. Pero aquí no acaba la cosa... Juan tiene unos gastos: 450€ de hipoteca, por lo tanto tiene una casa que le genera un ibi de 27€ mensuales, 65€ de luz de los que 37€ son impuestos, 20€ de agua de los que 2€ son impuestos, 54€ de teléfono e internet de los que 12€ son impuestos, 120€ de gasolina de los que 70€ son impuestos, impuesto de circulación que son unos 10€ mensuales, 200€ en comida de los que 14€ son impuestos, 180€ en ocio de los que 33€ son impuestos, 60€ en tabaco de los que 49€ son impuestos. Todos los impuestos asociados al consumo ascienden a 254€ que si los sumamos a la anterior cifra vemos que el Estado se lleva la aterradora suma de 1.026,16€. Vemos que más del 50% del sueldo de Juan va a parar a las arcas del Estado.

Pero los autónomos están todavía peor, pues además de tener que pagar una cantidad muy elevada de impuestos, no tienen derecho a paro (para tenerlo tendrían que pagar una suma muy elevada de Seguridad Social), si cierran no tienen ninguna ayuda y tienen que asumir todos los riesgos como posibles impagos o responsabilidades derivadas de su trabajo. "Ciudadano Neutro" hace un cálculo de cuánto debería facturar un autónomo para ganar 1.000€ de salario neto. Para calcularlo seguiremos el proceso a la inversa: Hay que pagar un 19% de I.R.P.F lo que supondría 234,57€, añadimos 299€ de cotización a la Seguridad Social (es posible cotizar por el mínimo que son unos 264€ pero afectaría a las prestaciones futuras), le sumamos los gastos de la actividad, para este ejemplo pondremos 350€ (algo muy bajo según mi parecer) pero dependerá del alquiler del local, vehículos, gasolina, maquinaria, etc, y por último habría que pagar el 21% de IVA que serían 500,70€, pero hay que tener en cuenta que al IVA que recaudamos hay que descontar el IVA que hemos pagado en los gastos de la actividad que este caso sería descontar 73,50€ y quedaría en 427,20€. De esta manera para tener un salario de 1.000€ un autónomo debe facturar 2.310,76€.

Puede que el impuesto más incomprensible e injusto sea el impuesto de sucesiones. Según "Espejo Público" en España se recaudaron 2.500 millones de euros por el impuesto de sucesiones. En el programa entrevistan a José Luis, un funcionario jubilado de 82 años que, tras fallecer su esposa, Hacienda le reclama 32.000 euros en concepto de sucesiones para poder vivir en su propia casa. No es que la haya vendido y haya obtenido un beneficio, es el hogar familiar y simplemente pasa de estar a nombre de la pareja a estar al suyo. También entrevistan a Arantxa, que tiene que pagar 89.000 euros para heredar la casa de sus abuelos. ¿Cómo puede ser posible que por heredar unos bienes que han pertenecido a tu familia se tengan que pagar esas cifras astronómicas? Con este panorama son muchas las personas que tienen que hipotecarse para recibir algo que es suyo por derecho, que renuncian a sus herencias, abandonan el hogar familiar o se quedan como "ocupas" en su propia casa al no poder hacer frente a los pagos.

Últimamente están condenando a prisión o censurando a personas por hablar, escribir o manifestarse en contra del Gobierno, la dictadura o la monarquía:

Según "La Voz de Galicia" el Juzgado de instrucción número 7, ha ordenado el secuestro del libro "Fariña", de Nacho Carretero. En libro implica a Alfredo Bea Gondar, ex alcalde de O grove en el tráfico de drogas. Gondar fue procesado por ello, a pesar de que posteriormente fue absuelto por una cuestión de forma, su implicación se mantuvo como un hecho. Se ha ordenado retirar los 10.000 ejemplares de la décima edición, que actualmente están en tiendas y distribuidoras, y prohíbe que se impriman nuevos ejemplares.

La Audiencia Nacional condenó a Casandra Vera, joven de 21 años y estudiante de historia, por tuitear chistes sobre la muerte de Carrero Blanco a un año de prisión y siete de inhabilitación. Un año después el Alto Tribunal revocó la sentencia alegando que aunque es reprochable social e incluso moralmente mofarse de una tragedia humana, no resulta proporcionada una sanción penal (Noticia de "El País").

El cantante de "Def con Dos" César Strawberry, fue condenado a un año de cárcel y seis años y medio de inhabilitación absoluta, por publicar tuits relacionados con Carrero

Blanco, el Rey, ETA o el Grapo. También fue absuelto porque la Audiencia Nacional consideró que sus tuits no encajan en la apología del terrorismo, ni provocan el discurso del odio (Noticia de "El País").

Los raperos Valtonyc y Hasél, condenados a tres años y medio y dos años de cárcel, por las letras de sus canciones. Por decir que España vende armas a Arabia Saudí o por reivindicar los despilfarros de la monarquía a expensas de los españoles. Dichas letras tienen amenazas como "te cortaré la yugular" o "muerte a los Borbones", son expresiones cargadas de violencia que pueden ser reprochables, pero de ahí a meter a alguien más de tres años a la cárcel por ellas, parece desproporcionado. La sentencia de Valtonyc fue confirmada por el Supremo y ha entrado en prisión.

En cambio, Rodrigo Rato y Miguel Blesa fueron condenados a cuatro años y medio y seis años de prisión por el caso de las tarjetas black de Bankia, y según "El País" eluden la cárcel sin ninguna medida cautelar.

La Ley Mordaza aprobada en España, con solo los votos del Partido Popular, atenta a la libertad de expresión, los derechos fundamentales y algunos derechos jurídicos. Podrá ser sancionado según "El Periódico": impedir un desahucio, manifestarse frente al Congreso, grabar a un policía sin su consentimiento, negarse a la disolución de una concentración o manifestación, ocupar la vía pública por la venta ambulante, reunirse o manifestarse en infraestructuras de servicios públicos o celebrar espectáculos o actividades en contra de la prohibición ordenada por la autoridad.

«Los verdaderos líderes deben estar dispuestos a sacrificar todo por la libertad de su pueblo» Nelson Mandela.

Y para terminar, hablemos de corrupción. Según "lainformación.com" en España hay 1.378 políticos acusados de corrupción pero solo 87 están presos. Más de 900 son del Partido Popular. A los españoles la corrupción nos cuesta 87.000 millones de euros al año. Puede que el caso más sonado sea la trama

"Gürtel". Según "El Plural" la cantidad defraudada en la trama Gürtel supera los 1.000 millones de euros. En los papeles de Bárcenas sale el nombre de M. Rajoi, el anterior presidente del Gobierno, pero ha declarado como testigo y se ha librado de ser investigado. No logro entender cómo los ciudadanos pueden seguir votando a un partido que está probado que ha robado, se ha financiado con dinero negro y además, los políticos condenados, casi siempre, se libran de entrar en prisión y, por supuesto, no devuelven el dinero.

Pero el PSOE no se queda atrás... según "ABC": Las cifras de los ERE son el mayor escándalo de nuestra democracia. Las cifras son estremecedoras: 10 años de trama, 855 millones de euros defraudados, 300 imputados y 7 años de proceso.

Y hasta PODEMOS, que en su discurso parecía estar en contra de la burguesía y la ostentación de los beneficios políticos. Su dirigente y la portavoz parlamentaria se compran un chalet de 600.000 euros en una lujosa zona de Madrid. Está claro que es su dinero y cada uno puede vivir donde le plazca, pero adquirir esa vivienda choca con los ideales que predican. Dicen estar del lado de la gente trabajadora, los desauciados, los pobres, los pensionistas, los inmigrantes... Pero con esto demuestran, una vez más, los grandes beneficios que aporta ser político.

Y mientras, los pensionistas tienen cada vez menor poder adquisitivo y, en un futuro no muy lejano, se ven peligrar las pensiones. Según "El Mundo" de los 82.500 millones de euros que había en el Fondo de Reserva de la Seguridad Social en 2008, apenas quedan 8.000 millones. Se ha ido cogiendo dinero de la "hucha de las pensiones", en 2016 se dispuso 17.461 millones para cubrir déficit. El resultado es que solo se ha subido un 0.25% anual mientras no se solucione el desfase entre ingresos y gastos del sistema.

Lo que se traduce en miles de pensionistas que cobran menos de seiscientos euros al mes, que después de toda una vida trabajando y pagando impuestos, tanto directos como indirectos, les viene justo para cubrir sus gastos.

Qué injusta es la justicia de los justos en una sociedad injusta. Pero... ¿se pueden abolir las leyes?

«La historia entera nos enseña que no se pueden abolir estas leyes mientras queden en la Tierra dos hombres, pan, dinero y una mujer entre ellos» E.M.Vogué.

LA BANCA SIEMPRE GANA

En el libro Sapiens se expone este ejemplo para conocer cómo funcionan los bancos:

«Samuel Avaro, un astuto financiero, funda un banco en El Dorado, California.

A. A. Marrullero, un constructor con futuro en El Dorado, termina su primer trabajo de envergadura, y recibe el pago en metálico por la cantidad de un millón de dólares. Deposita esta suma en el banco del señor Avaro. Ahora el banco dispone de 1 millón de dólares en capital.

Mientras tanto, Juana Rosquilla, una cocinera experimentada, piensa que existe una oportunidad de negocio: montar una panadería y pastelería. Pero no tiene suficiente dinero propio para la inversión. Se dirige al banco, presenta su plan de negocio a Avaro y este le concede un préstamo de 1 millón de dólares, acreditando dicha suma en la cuenta bancaria de Rosquilla.

Juana contrata ahora a Marrullero, el constructor, para que construya y amueble su pastelería. Su precio es de 1 millón de dólares.

Cuando ella le paga, con un cheque contra su cuenta, Marrullero lo deposita en su cuenta en el banco de Avaro.

De modo que ¿cuánto dinero tiene Marrullero en su cuenta bancaria? Correcto, 2 millones de dólares.

¿Cuánto dinero en efectivo tiene en su caja fuerte del banco? Correcto, 1 millón de dólares.

La cosa no termina aquí. Como suelen hacer los constructores, a los dos meses de empezar las obras, Marrullero le informa a Rosquilla de que, debido a problemas y gastos imprevistos, la factura por la construcción de la panadería y pastelería subirá en realidad a 2 millones de dólares. La señora Rosquilla no está en absoluto contenta, pero no puede detener las obras a medio terminar. De manera que efectúa otra visita al banco, convence al señor Avaro para que le conceda un préstamo adicional, y el banquero deposita otro millón de dólares en la cuenta de la cocinera. Esta transfiere el dinero a la cuenta del constructor.

¿Cuanto dinero tiene ahora Marrullero en su cuenta bancaria? Ha conseguido 3 millones de dólares.

Pero ¿cuánto dinero hay realmente depositado en el banco? Sigue habiendo solo 1 millón de dólares. En realidad, el mismo millón de dólares que ha estado todo el tiempo en el banco.

Las leyes bancarias estadounidenses actuales permiten que el banco repita este ejercicio otras siete veces. El constructor tendría al final 10 millones de dólares en su cuenta, aunque el banco sigue sin tener más que 1 millón de dólares en su cámara acorazada. A los bancos se les permite prestar diez dólares por cada dólar que posean realmente, lo que significa que el 90 por ciento de todo el dinero de nuestras cuentas bancarias no está cubierto por monedas y billetes reales. Si todos los cuenta-corrientistas de un banco pidieran de repente su dinero, el banco se hundiría de inmediato (a menos que el gobierno se decidiera a salvarlo).

Lo que permite que los bancos (y la economía entera) sobrevivan y prosperen es nuestra confianza en el futuro. Esta confianza es el único respaldo para la mayor parte del dinero del mundo».

En el caso del rescate a la Banca se refleja descaradamente la injusticia y desigualdad entre el pueblo y los que tienen el dinero y el poder. Según "El Confidencial": el Estado perderá finalmente 60.600 millones de euros de los 77.000 millones inyectados. Luis de Guindos dijo cuando se aprobó el rescate: "Me gustaría especificarlo muy claramente, aquí no hay un coste para los contribuyentes españoles".

Esta cuantía sería suficiente para volver a llenar "la hucha de las pensiones" que se ha vaciado durante la crisis.

El gobierno ha decidido perdonar el dinero "prestado a los bancos por su mala gestión" cuando según "Expansión.com": Bankia (el mayor inyectado en el rescate con 12.690 millones) obtuvo un beneficio de 816 millones de euros en 2017. O sea, que el Estado o lo que es lo mismo, nosotros, dejamos miles de millones a los bancos y el gobierno decide perdonárselos mientras ganan más de 800 millones al año. Pongámonos a la inversa, Bankia nos presta dinero para poder comprar una casa que luego tendremos que devolver con sus intereses y que cuando terminemos habremos pagado el doble de lo que nos prestó. Imagina que pierdes tu trabajo y no puedes pagar las mensualidades, el banco te quita la casa y además, es muy probable que le sigas debiendo dinero que seguirá aumentando con los intereses acumulados. En cambio, a Bankia le prestamos miles de millones y no solo no paga intereses, sino que solo devuelve el 20% de lo prestado. Una vez más, la banca siempre gana...

¿QUÉ NOS QUEDA?

Para que nos sirva de ejemplo, los Presupuestos del Estado en 2017 según "El país" fueron 318.443 millones de euros. Si a esto le restamos los 60.600 millones perdonados a la banca (o la cuota anual que deberían devolver con intereses), los 87.000 millones que se lleva la corrupción (que hayan pillado, claro), los 50 millones de la monarquía (que se haga público), los 17.000 millones del ejército y los 11.000 millones para la Iglesia (ahora lo veremos). ¿Qué nos queda a los ciudadanos? ¿Cómo pueden hacer cada vez más recortes en sanidad, educación y obras sociales alegando que no hay suficiente dinero? ¿Acaso es más importante tener contentos a los bancos, que los políticos tengan los bolsillos llenos, que los reyes hagan cenas de gala, mantener a miles de militares en el cuartel limpiando los fusiles y asegurarnos de no desatar la furia del Dios vengativo al que reza la Iglesia? Como ya hemos visto, los trabajadores y autónomos de este país ceden al Estado más de la mitad de su sueldo y, ¿cuánto de ese dinero está destinado a la mejora de infraestructuras, velar por su salud o asegurar el futuro de sus hijos? Si hubiera un gobierno del pueblo y para el pueblo, ¿cuántos impuestos habría que pagar, cuánto habría que esperar para ser operado, qué calidad tendría la educación?

«En la Tierra hay suficiente para satisfacer las necesidades de todos pero no tanto como para satisfacer la avaricia de algunos» Gandhi.

LA GUERRA PARA CONSEGUIR LA PAZ

Komarovski, defensor de Derecho internacional dijo: «Los gobiernos justifican que tanto el gasto militar como el armamento tienen una función meramente defensiva; no obstante, para cualquier hombre ajeno a esta cuestión es un misterio desde dónde va a poder ser atacado, cuando todas las grandes potencias esgrimen únicamente que lo único que persiguen con sus políticas es defenderse. En realidad, parece como si cada potencia estuviera esperando a ser atacada por las otras a cada instante, y esto tiene la siguiente consecuencia: la desconfianza mutua generalizada y los esfuerzos sobrehumanos de los gobiernos por superar en fuerza militar a otras potencias».

En el siglo XXI con la paz instaurada en Europa y casi todo el mundo. ¿Es necesario mantener un ejército y todo su armamento? Según Pepe Ortega, en un artículo de "Público": «Mantener al ejército cuesta a los españoles 17.000 millones de euros al año. Explica que el armamento del Ejército español estratégicamente no es eficiente para la defensa del país, no tendrá utilidad en el futuro ni tampoco será usado en ninguna misión, pues al extranjero porta material ligero. La excusa desde dentro, asegura, es la amenaza exterior. Argumentan que las armas son disuasorias, pero la pregunta es: ¿dónde están los peligros? (…) De principio a fin, un fraude, subraya el investigador, quien aboga por reducir las Fuerzas Armadas de 124.000 a 30.000 efectivos. Los que sobran, concluye, están en los cuarteles sin hacer gran cosa».

Una parte del ejército como la UME hace una labor humanitaria y necesaria, pero la gran parte de los militares están en los cuarteles pasando el tiempo, conozco a algunos de ellos y lo reconocen, van al cuartel a hacer la colada o a descansar. De vez en cuando hacen alguna maniobra, sabiendo que seguramente nunca entrarán en combate ni se usarán sus conocimientos y todo el carísimo armamento para algo real.

Es imposible arreglar un problema empleando lo que lo causa, es imposible llegar a la paz mundial con la guerra. Las Naciones lo saben, el pueblo lo sabe, pero ¿por qué se siguen gastando miles de millones en armamento alegando la posible defensa del territorio?

El artículo 2.4 de la carta de las Naciones Unidas afirma que: los miembros de la Organización, en sus relaciones internacionales, se abstendrán de recurrir a la amenaza o al uso de la fuerza contra la integridad territorial o contra la independencia política de cualquier Estado, o en cualquier otra forma incompatible con los Propósitos de las Naciones Unidas.

La comunidad internacional prohíbe amenazar o usar la fuerza contra un país, pero los mismos países que aceptan ese tratado parece que estén esperando a ser atacados por otras naciones y eso genera una gran desconfianza mutua, odio y miedo, y un estado de alerta sin fundamentos reales. Los medios de comunicación se encargan de alentar ese estado de alerta haciendo eco de declaraciones de los fanfarrones de moda: el presidente Trump y el dictador de Corea del Norte Kim Jong-un. Parece que estemos a merced de que un loco pulse un botón rojo y se desate una nueva Guerra Mundial. ¿Hasta qué punto es fundado ese miedo? Tanto unos como otros conocen las consecuencias desastrosas para sus intereses en una guerra a gran escala. ¿No será que necesitan justificar todo el gasto en armamento? ¿no será una manera, tan antigua como la lucha entre Estados, de mantener el miedo y el control de sus ciudadanos? Según "El Mundo", Estados Unidos ha aumentado su presupuesto en un 10% y gasta 54.000 millones de dólares al año en su ejército. Trump calificó la decisión como un mensaje al mundo, en estos tiempos peligrosos, de la fortaleza, la seguridad, y la determinación de Estados Unidos.

Pero, ¿quién fabrica las armas? ¿a quién interesa la guerra?

Según "El Periódico": España vendió 932 millones de euros en armas a Arabia Saudí entre 2015 y 2017, y la cifra de venta de armas totales en 2017 asciende a 4.347 millones de euros. Todos los Estados condenan y rechazan la guerra (o eso dicen), pero esa determinación se desdibuja a la hora de hacer caja con ella. España se colocó como la séptima exportadora de grandes armas del mundo y la cuarta que nutre de armamento a Arabia Saudí, después de Estados Unidos, Reino Unido y Francia ("El País"). ¿Si las grandes potencias se lucran con la venta de armas, cómo van a dar un paso hacia el desarme mundial? Eso significaría el final de un negocio muy lucrativo: venden las armas a los demás países, y las compran para sí mismos, con la excusa de no quedarse atrás en el continuo rearme de los ejércitos. Cuantas más armas vendan a los otros Estados, más tienen que obtener ellos, en una rueda sin fin de odio y destrucción, pues no olvidemos, que las armas están diseñadas para matar, aniquilar, destruir... y es una deshonra que el crecimiento de un país dependa de la destrucción de otros. Porque, ¿quién es más culpable: el diseñador del arma, el fabricante, el que la vende o el que aprieta el gatillo?

En el libro "1984" de Orwell hay un estado de guerra continuo y se dice que: «el Partido tenía que mantener en marcha las ruedas de la industria sin aumentar la riqueza real del mundo. Los bienes habían de ser producidos, pero no distribuidos. Y, en la práctica, la única manera de lograr esto era la guerra continua. La guerra es la manera de pulverizar los materiales que en la paz constante podrían emplearse para que las masas gozaran de excesiva comodidad, y con ello, se hicieran demasiado inteligentes y más difíciles de controlar. (…) El ciudadano de Oceanía nunca ve a un ciudadano de Eurasia ni de Asia Oriental y se le prohíbe que aprenda lenguas extranjeras. Si se les permitiera entrar en relación con extranjeros, descubriría que son criaturas iguales a él en lo esencial y que casi todo lo que se le ha dicho sobre ellos es una sarta de mentiras. (…) La guerra al hacerse continua, ha dejado de existir».

Según Orwell: «la guerra es una herramienta de los Estados para perpetuar la pobreza, es una forma de control del capital y se asienta en el miedo y el odio al enemigo, basado en la ignorancia de que ese enemigo es un ser humano igual que tú. Por el miedo a la guerra hay que abastecerse de armamento, hay que mostrarlo al mundo en los desfiles, exhibiendo cazas y portaviones de última generación para justificar los miles de millones de presupuesto».

Por desgracia, mientras los países sigan teniendo ejércitos y armamento, existe la posibilidad de una guerra real. En lugares como Siria, Irak o Yemen continúan asolados por una devastadora guerra. Pero, ¿eso justifica los ejércitos de los países donde reina la paz?, ¿o es que los tienen para otros fines? Ya hay 25 países sin fuerzas armadas: Andorra, Costa Rica, Haití, Islandia, Mónaco, Panamá... ¿por qué nadie los invade? Están protegidos por otros países o por la comunidad internacional.

¿Sería posible que ningún país tuviera ejército? ¿Sería posible un acuerdo mundial que obligara a entregar y dejar de fabricar armas a los Estados? Podría haber un ejército respaldado por la comunidad mundial que velara por hacer cumplir ese acuerdo y protegiera a las víctimas del ataque de una posible ruptura del tratado. Ya está el ejército de la ONU con 97.000 efectivos procedentes de más de 110 países, pero sin el desarme de los Estados, lo apoyen o no, es una cifra insuficiente para poder sancionar una violación del tratado. Si esos 110 países que apoyan la ONU cedieran sus efectivos en provecho de la comunidad internacional, ¿quién osaría quebrantar la paz? Cualquier país que quisiera armarse para atacar a otro, tendría que hacerlo de una manera clandestina, y si se han cerrado las fábricas de armas, si no se invierte en desarrollo e investigación de nuevos armamentos, si toda la comunidad internacional condenara a cualquier país descarriado con penalizaciones en las importaciones y exportaciones, si dado el caso, se velara por la población civil y se atacara directamente al poder de esa nación, si se cambiara la actual educación basada en el conflicto y odio al diferente y en preservar la autoridad de los Estados, por una enfocada en el amor al ser humano, sin distinciones en las razas, religiones o estatus social. ¿No sería posible establecer la paz mundial? Pero a los que tienen el poder no les interesa. Para que haya una nación poderosa, tiene que haber otras más débiles y las superpotencias no van a ceder poder, no van a perder uno de sus mayores negocios y fuerza de control, por lo menos, por ahora.

«Una nación que continúa año tras año gastando más dinero en defensa militar que en programas de mejora social se está acercando a la perdición espiritual» Martin Luther King.

«En cifras del año 2002: de los 57 millones de muertes solo 172.000 personas murieron en una guerra y 569.000 murieron por causa del crimen violento (un total de 741.000 víctimas de la violencia humana). En contraste, cometieron suicidio 873.000 personas. Resulta que al año siguiente de los atentados del 11 de septiembre, a pesar de todo lo que se llegó a hablar de terrorismo y guerra, la persona promedio tenía más probabilidades de suicidarse que de morir en manos de un terrorista, un soldado o un traficante de drogas.
La paz real no es la simple ausencia de guerra. La paz real es la improbabilidad de guerra» "Sapiens".

Cuando es más probable que te suicides por el alineamiento producido por una sociedad sin sentido, a que te asesinen de forma violenta. ¿Por qué no se invierte más en favorecer la felicidad de la gente que en armamento, ejércitos y policía?

Tolstói dijo: «Si se considera que las inmensas riquezas producidas gracias al trabajo de los obreros no pertenecen a todos, sino a unos pocos individuos; si el poder de recaudar impuestos por el trabajo de los obreros y utilizar este dinero en lo que se considera necesario está en manos de unos pocos individuos; si las huelgas de los obreros se reprimen, pero las de los capitalistas se fomentan; si ciertos individuos son los que establecen el modelo de educación religiosa y civil, y la instrucción que se da a los niños; si se concede a unos pocos individuos el derecho a elaborar las leyes a las que todo el mundo debe someterse, disponer de las propiedades y de las vidas de los hombres: todo esto sucede no porque el pueblo así lo quiera y, por tanto, sea lo natural, sino porque así lo quieren los gobiernos y las clases dirigentes para su propio beneficio, y logran su objetivo recurriendo a la violencia física. Si alguien no sabe todo esto, lo averiguará cuando intente insubordinarse o cambiar el orden establecido de las cosas. Por eso, los gobiernos y las clases dirigentes para lo que más necesitan a los ejércitos es para mantener un orden establecido que no solo no responde a las necesidades del pueblo, sino que a menudo es directamente contrario a él y provechoso únicamente para el gobierno y las clases dirigentes. (...) Se suele pensar que los ejércitos se refuerzan únicamente para que el Estado se defienda ante otros Estados, pero se olvida el hecho de que para lo que más necesita un Estado al ejército es para defenderse de sus propios súbditos y de aquellos a los que ha esclavizado. Esto ha sido siempre necesario, y lo ha sido cada vez más a medida que el pueblo ha ido instruyéndose y la comunicación entre hombres de la misma y de distintas naciones se ha ido intensificando. (...) Destruir una vida ajena en pro de la justicia es como lo que haría una persona que para enmendar la desgracia de haber perdido una mano, se cortara la otra en un acto de justicia».

LA GRAN MENTIRA DE LAS RELIGIONES

«La religión es lo que impide que los pobres asesinen a los ricos» Napoleón.

Las religiones son tan antiguas como la conciencia del hombre. Desde que se formaron las primeras comunidades, comenzaron a mirar al cielo y tuvieron la necesidad de formularse la pregunta: "¿de dónde venimos?" Se han creado distintas religiones que han ido evolucionando conforme lo ha hecho la humanidad. Aunque llevamos unos dos mil años sin demasiados cambios, poco a poco, se está prescindiendo de ellas, de los ritos, normas o sacramentos; y están creciendo nuevas formas de ser espiritual, sin intermediarios, en conexión directa con lo Divino, con el Universo, con Dios.

«Las fábulas se deben enseñar como fábulas, los mitos como mitos y los milagros, como fantasías poéticas. Enseñar supersticiones como si fuesen verdades es terrible. La mente del niño las acepta y cree, y solo con un gran dolor, y tal vez la tragedia, se podrá librar de ellas con los años. De hecho, la gente se pelea tanto por una superstición tanto como por una verdad, o incluso más. Ya que una superstición es tan intangible que es difícil demostrarla para refutarla, y la verdad es un punto de vista, y por tanto, se puede cambiar» Hipatia.

Desde los egipcios, griegos, judíos, hindúes, hasta llegar al cristianismo o el budismo se han creado organizaciones religiosas para transmitir sus creencias a la población, con una jerarquía bien definida, con reglas o mandamientos que hay que cumplir, con mitos, dioses o santos en los que hay que creer y con el nexo en común de que todas ellas dicen estar en posesión de la única verdad.

Yuval Noah Harari dice en su libro "Sapiens. De animales a dioses": «¿Cómo se hace para que la gente crea en un orden imaginado como el cristianismo, la democracia o el capitalismo? En primer lugar, no admitiendo nunca que el orden es imaginado. Siempre se insiste en que el orden que sostiene la sociedad es una realidad objetiva creada por los grades dioses o por las leyes de la naturaleza. También se educa concienzudamente a la gente. Desde que nacen se les recuerda constantemente los principios del orden imaginado, que se incorporan a todas y cada una de las cosas. Se incorporan a los cuentos de hadas, a los dramas, los cuadros, las canciones, a la etiqueta, a la propaganda política, la arquitectura, las recetas y las modas».

William Bodri expone que: «Confucio no estaba creando ninguna nueva enseñanza cuando habló del Tao. Simplemente estaba reafirmando el camino del Tao que siempre había sido, y dejando claro los medios para alcanzarlo. Buda, durante su vida habló de los antiguos budas y de lo que habían enseñado, de modo que ciertamente tampoco se consideraba el origen de algo nuevo. El Tao, dijo, ya estaba aquí, pero la gente tiene que despertar a su naturaleza fundamental por medio de su propio esfuerzo. El único camino hacia este despertar, declaró, es el camino de la práctica espiritual personal».

Ninguno de estos grandes profesores quiso construir un monumento a su misión o perpetuar su fama. Por lo tanto, ni Sócrates ni Buda dejaron obras escritas. Jesús también siguió su ejemplo, porque fueron sus discípulos quienes anotaron sus enseñanzas. Confucio, aunque corrigió los antiguos textos, dijo: "No compongo ningún escrito. Me gustan los antiguos caminos y tengo fe en ellos".

Como hablar de todas las religiones está fuera de la misión de este libro, nos vamos a centrar en dos de las más conocidas: el cristianismo y el budismo. Como reflejan a occidente y a oriente nos servirán como ejemplo para las demás.

Si buscas "cristianismo" en el diccionario este es su significado:

1 – Religión monoteísta que tuvo su origen en las enseñanzas de Jesús que están recogidas en los Evangelios.

2 – Conjunto de iglesias que siguen las enseñanzas y la doctrina de Jesús.

El gran problema del cristianismo es que esas enseñanzas y doctrina de Jesús no son exactas, pues Jesús no dejó ningún documento escrito y el Nuevo Testamento se elaboró con escritos de muy diversas fuentes, con correcciones hechas en las traducciones y con numerosos relatos o Evangelios descartados y destruidos por considerarlos herejía. En los primeros 280 años de la historia cristiana, ser cristiano estaba prohibido por el imperio romano y los cristianos fueron perseguidos. Cuando el emperador Constantino se convirtió al cristianismo, éste lo legalizó, convocó el Concilio de Nicea en el año 325 en un intento de unificar la cristiandad y de que el imperio abrazara la religión cristiana. Constantino pudo haber elegido cualquiera de las numerosas religiones que había en esa época, pero al elegir el cristianismo para que fuera la religión oficial del Imperio romano, eso cambió el transcurso de la historia.

El teólogo Juan Arias asegura que: «existen nueve diferencias sustanciales entre los cuatro evangelistas al relatar el proceso a Jesús, su muerte y crucifixión. ¿Cómo se pueden justificar esas diferencias en unos hechos tan importantes como los de su muerte? Adquieren sentido si entendemos que los Evangelios son más bien una interpretación de los hechos realizada por los evangelistas que los modificaban, no para falsificarlos, sino para acomodarlos a su interés en cada circunstancia».

¿Y si las enseñanzas de Jesús hubieran sido mal interpretadas?, ¿y si esas enseñanzas se hubieran tergiversado para beneficio de los poderosos?, ¿y si Jesús nunca hubiera querido que se formara una Iglesia ni una religión en su nombre?, ¿y si la base en la que se asienta la religión cristiana: la pasión de Cristo, fuera una invención para que temamos el pecado y a Dios?

Vamos a intentar responder a estas y otras preguntas con frases dichas por el propio Jesús y de la mano de expertos que han estudiado el mensaje de Cristo.

Primero vamos a analizar lo que nos cuenta el Génesis y el resto del Viejo Testamento, cómo se creó el mundo y la evolución de los hombres hasta la época de Cristo. Según Tolstói: «La incongruencia de todas las confesiones eclesiásticas con las enseñanzas de Cristo es tan grande que se necesitan enormes esfuerzos para ocultársela a la gente: basta solo pensar en lo que ocurre cuando un adulto —y no únicamente alguien instruido, sino el hombre más simple— que ha ido adquiriendo nociones que flotan en el ambiente sobre la geología, física, química, cosmografía e historia, compara por primera vez conscientemente estos conocimientos con las creencias que le han sido inculcadas desde la infancia y que han sido mantenidas por la Iglesia a cerca de que Dios creó el mundo en seis días, que creó la luz antes que el Sol, que Noé metió a todos los animales en su arca, que Jesús es también un Dios hijo que creó todo antes de los tiempos, que este Dios descendió a la Tierra por el pecado de Adán, que Jesús resucitó, ascendió y está sentado a la derecha del Padre y que vendrá sobre una nube a juzgar al mundo, etc».

La ciencia ha demostrado que el mundo se creó por el Big Bang, que el hombre proviene del mono, que sería imposible meter a una pareja de todas las especies en el arca de Noé pues, según el biólogo Camilo Mora, existen más de siete millones de especies animales, y está prácticamente demostrado que Jesús era un hombre iluminado que llegó a conocer la Verdad, no el hijo directo de Dios. En las líneas siguientes veremos que Él nunca quiso formar una Iglesia, ni ser un mártir.

No se sabe casi nada de la vida de Jesús hasta que cumplió treinta años y comenzó a predicar. Según Juan Arias: «Jesús era capaz de discutir y polemizar con los intelectuales de su tiempo, con los fariseos y sacerdotes, hablaba en hebreo y en griego, solo alguien que hubiese viajado mucho, que hubiese entrado en contacto con las culturas y filosofías de pueblos más desarrollados, podría haber sido capaz de desarrollar un cuerpo de pensamiento tan nuevo y original. No se sabe nada de Jesús desde los 12 hasta los 30 años, momento en que aparece en la vida pública. Se sitúa a Jesús viajando por India o por Egipto y entrando en contacto con los magos de su tiempo. Cualquier situación es posible menos pensar que hubiese podido permanecer todos esos años encerrado en la minúscula aldea de Nazaret, tan insignificante que ni aparece en los mapas de la época.

La Iglesia dice que Jesús era poseedor de la "ciencia infusa". Como era Dios, declaran, había nacido con esa sabiduría. En la actualidad es una tesis que rechazan los teólogos modernos y los exegetas, ya que incluso los evangelios hablan de que Jesús iba "creciendo en edad y en sabiduría". (…) Jesús no pensó en ningún momento en fundar una nueva religión, ya que él las combatía todas por estar basadas en la violencia y en los ritos sacrificiales, en el dolor y en la falta de libertad. (…) A Jesús le crearon una Iglesia para combatir sus ideas revolucionarias. Le parecían viejas todas las religiones por eso no fundó una nueva. Su visión de la vida, del mundo y de Dios iba más allá de los estrechos horizontes de la religión temporal, generalmente, en competición unas con otras».

Jesús le dijo a la mujer samaritana:
Créeme, mujer, que llega la hora en que, ni en este monte, ni en Jerusalén adoraréis al Padre.
Vosotros adoráis lo que no conocéis; nosotros adoramos lo que conocemos, porque la salvación viene de los judíos.
Pero llega la hora (ya estamos en ella) en que los adoradores verdaderos adorarán al Padre en espíritu y en verdad, porque así quiere el Padre que sean los que le adoren.
Dios es espíritu, y los que adoran, deben adorar en espíritu y verdad. (Juan 4, 21, 24)

Aquí Jesús está afirmando que en el futuro no harán falta templos para adorar a Dios, que para conectar con Él habrá que hacerlo en "espíritu" y en "verdad". ¿Dónde queda aquí la Iglesia?, ¿dónde están los templos y catedrales?, ¿dónde quedan los sacerdotes? Según las palabras de Jesús solo se necesita buscar dentro de uno, en silencio, en recogimiento, sin ritos, ni nada externo, en conexión con lo eterno, con el espíritu, con la Verdad.

Tolstói dice: «Ya en tiempos de Constantino todo este sentido se había reducido a un compedio ratificado por los poderes laicos, un compedio de las discusiones acaecidas en torno al Concilio; un dogma de fe en el que se establecía: "se debe en esto, en eso y en aquello otro, y por encima de todo en una Iglesia única, santa y apostólica"; es decir, se debía creer que las personas que se hacían llamar "Iglesia" eran del todo incuestionables, con lo que el sentido del cristianismo se redujo a que no debíamos creer en Dios, ni en Cristo —tal y como nos fue anunciado—, sino únicamente en la Iglesia y en lo que ésta nos ordenaba que creyéramos. (…) Sin embargo, Cristo no pudo fundar una Iglesia, es decir, no en el sentido actual de esta palabra, porque una Iglesia como la que tenemos hoy día, con todos sus sacramentos, jerarquía y, sobre todo, con su afirmación de ser una institución infalible, no la encontramos ni en las palabras de Cristo, ni en las ideas de los hombres de aquel tiempo. (…) Así pues, solo puede haber una determinación rigurosa y exacta de lo que es la Iglesia (no como algo fantástico que desearíamos que fuera, sino como lo que es y lo que ha sido en realidad): una comunidad de hombres que afirman que se encuentran en posesión de la auténtica y única verdad. (…) Las Iglesias no solo no han unido nunca, sino que han sido una de las principales causas de la desunión entre los hombres, de su odio mutuo, de las guerras, de las matanzas, de la Inquisición, de la Noche de San Bartolomé, etc. Las Iglesias nunca han sido intermediarias entre Dios y los hombres —algo innecesario y totalmente prohibido por Cristo, que reveló su doctrina a cada hombre directamente y sin mediaciones—, sino que colocan unas formas muertas en el lugar de Dios, y no solo no revelan la verdad de Cristo a los hombres, sino que la ocultan. (…) El cristianismo en su auténtico sentido destruye el Estado. Esto fue comprendido desde un buen principio, y por ello Cristo fue crucificado».

Jesús dejó cinco mandamientos para seguir su doctrina y llegar al reino de Dios, Tolstói los resume así:

«Cinco mandamientos de Cristo:
1 – Vivir en paz con todo el mundo.
2 – Llevar una vida pura.
3 – No hacer juramentos.
4 – No resistir nunca el mal.
5 – No hacer distinciones entre pueblos.

Jesús enseñó una doctrina que no se asemejaba a ninguna anterior. En vez de dar un cúmulo de normas, tal y como habían hecho las confesiones anteriores, esta doctrina únicamente expuso un modelo basado en la perfección interior, en la verdad y en el amor encarnados por Cristo; el resultado de esta perfección alcanzada por los hombres sería el reino de Dios en la Tierra: los hombres dejarían de matarse, estarían inspirados por Dios y unidos por el amor, y el león no atacaría más al cordero».

El mensaje de su vida y su muerte está mal interpretado, el experto Juan Arias lo explica así: «Lo importante en la vida de Jesús no serían, pues, su crucifixión y muerte, ni siquiera su resurrección, sino sus palabras, lo que él quiso transmitir a la humanidad, un mensaje novedoso capaz de revolucionar la raza humana, a la que él transciende. Sin embargo, para la Iglesia esto es herejía, aunque los textos evangélicos no den a entender precisamente eso. Por tanto, con esta interpretación caen por tierra las bases de la teología católica que arranca con Pablo de Tarso y sigue vigente y está fundada sobre el concepto de redención. Es decir, que Dios habría mandado a su hijo a la Tierra para salvar el mundo de su pecado de origen, de modo que con su muerte en la cruz, Jesús habría salvado a la humanidad. Ahora bien, si Jesús, como se demuestra claramente en los Evangelios, nunca quiso morir, se desvanece el concepto de redención tal como lo presenta la teología tradicional. Así, Jesús fue un mensajero de Dios más que un héroe dispuesto a sacrificarse por los demás. Lo mataron por lo que dijo, no por lo que hizo. Cada vez que se enteraba de que lo buscaban para matarlo, tanto el poder civil como el religioso, se escondía y cambiaba de itinerario. En el Huerto de los Olivos, cuando ya ve como eminente que acabarán matándolo, suda sangre y le pide a Dios que le ahorre aquel trago. Prefería seguir viviendo y continuar desvelando su secreto.

No obstante, Jesús nunca se resistió ante sus enemigos, nunca se defendió. A los Apóstoles que la víspera de ser detenido intentaron defenderlo con las espadas (uno de ellos llegó a cortar la oreja de un siervo del Sumo Sacerdote) les pide que las envainen. Jesús era hombre de paz y predicaba la no violencia, la cual ponía aún más de manifiesto la injusticia de su muerte. Ni héroe ni rebelde. Ni víctima ni verdugo. Jesús era el hombre que pedía el amor supremo de ser capaces de amar a los enemigos. Jesús nunca condenaba, solo salvaba».

La Iglesia Católica cree (y nos hace creer) que los siete sacramentos fueron instituidos por Jesucristo.

Vamos a verlos uno por uno:

1 – Bautismo: que quita el pecado original al receptor. ¿Quieren que nos creamos que por echarnos un poco de agua bendita nos despojan de algo?, ¿que hacerlo o no será determinante para tu salvación? Cuando nace un niño lo hace sin pecado, pues ¿qué puede haber más puro que un recién nacido?

2 – Penitencia: confesar los pecados a un cura. Jesús nunca dijo que tuvieras que confesar tus pecados a nadie. Sí dice de hacerlo a Dios, pero sin intermediarios, en soledad y recogimiento y con la intención de aprender y cambiar, sí no... ¿de qué vale confesarse? Se supone que si te confiesas a un sacerdote y ejecutas la penitencia que te impone (reza dos padrenuestros y dos avemarías) quedas absuelto de tus pecados, ¡vaya chollo para los tiranos religiosos de la Edad Media! Que después de arrasar y asesinar pueblos enteros se confesaban y eran redimidos de sus pecados, qué importantes eran los curas para los poderosos, qué bien había que tratarlos, cuántos beneficios había que dar a la Iglesia. Este sacramento ha sido y será una fuente generadora de violencia, pues ¿si voy a ser exculpado por mis pecados por un sacerdote por qué dejar de cometerlos?

3 – Comunión: recibir el cuerpo y la sangre de Cristo. ¿Cómo se explica que al comer una hostia bendecida y beber un poco de vino tinto estás comiendo la carne y bebiendo la sangre de Cristo? Es algo simbólico, pero se ha convertido en uno de los sacramentos más importantes de la religión cristiana, sin el cual, no puedes llegar al reino de Dios. La Iglesia católica cree que en cada eucaristía se hace presente (se re-presenta) el sacrificio que Cristo hizo en la cruz de una vez para siempre, se perpetúa su recuerdo a través de los siglos y se aplica su fruto. Y que el sacrificio de la cruz y el sacrificio de la eucaristía son un único sacrificio, ya que tanto en uno como en otro, Cristo es el sacerdote que ofrece el sacrificio y la víctima que es ofrecida. O sea, que una y otra vez se escenifica y recuerda la muerte de Cristo, y no para mostrar la verdadera enseñanza de la crucifixión: el perdón a tus enemigos, sino que se sacrificó para quitar el pecado del mundo. Imponen una tradición, que negarte a cumplirla, es imperdonable por la Iglesia y de ello depende que vayas al Cielo. En la actualidad y desde hace mucho tiempo, se ha utilizado el prepararse para la comunión (dos años de catequesis) para adoctrinar a niños en torno a diez años de que la única y verdadera religión es la cristiana apostólica y romana. Aunque la mayoría de los niños (yo me incluyo) lo hacen sin verdadera vocación, lo hacen por tradición, porque lo hacen sus amigos y por la fiesta y los regalos, ya que se ha convertido en una fuente de consumismo muy beneficiosa para todos los implicados, menos para los padres que pagan sin sentir verdadera fe y lo hacen para aparentar, no vaya a ser que la fiesta del vecino sea mejor que la mía...

4 – Confirmación: aceptación formal con una unción especial del Espíritu Santo. Es un sucedáneo de la comunión para exigir a los adolescentes, que se habían separado de la Iglesia después de comulgar, que vuelvan a escuchar las mentiras que tienen que contarles los sacerdotes y para atraerlos se monta otra fiesta, esta vez sin padres, claro.

5 – Extremaunción de los enfermos: se realiza a los moribundos y unida a la confesión y la comunión, los prepara para subir al Cielo. ¿Quién se traga que si hay un Dios que decide si una persona sube al cielo o no, tenga alguna importancia el haberse confesado o comulgado?, ¿acaso se puede redimir toda una vida de pecado en tus últimos diez minutos?, ¿acaso Dios no va a aceptar a una persona buena que haya nacido en un lugar donde no se profese el cristianismo y no haya tenido acceso a recibir sus sacramentos o simplemente no haya querido?

6 – Orden sacerdotal: es el proceso por el cual los hombres son ordenados al clero. Para trabajar para la Iglesia (no para Dios pues Él no exige ningún estudio ni examen) y poder celebrar misa, anunciar el Evangelio, administrar los sacramentos y orientar espiritualmente a los fieles. Se debe estudiar durante años y lo más incomprensible de todo: se tiene que aceptar el celibato, la castidad como manera permanente de vida. En los Evangelios, Cristo no plantea el celibato como meta divina y hay muchos expertos que creen que estaba emparejado con María Magdalena y que incluso tuvo hijos.

Los sacerdotes han tenido desde siempre un grandísimo poder sobre la sociedad y se han beneficiado de su estatus de persona que trabaja como portavoz de Dios. Ellos son personas cultas e inteligentes, ¿de verdad creen en las palabras del Génesis?, ¿no han entendido las verdaderas enseñanzas de Cristo?, ¿cómo pueden apoyar las guerras tildándolas incluso de santas?, ¿no son consciente de los abusos y acopio de riquezas y poder de la Iglesia?

7 – Matrimonio: unión en pareja bendecida por Dios. Según la Iglesia, si un hombre y una mujer deciden crear una familia tienen que casarse, si no lo hacen, estarán viviendo en pecado y estarán buscándose un lugar bien calentito en el infierno. Que una pareja se ame, se respete y se cuide no es suficiente a los ojos de Dios (según la Iglesia). Y ya no hablemos si es una pareja homosexual, que se quieran unir dos hombres o dos mujeres. La Iglesia lo ve como una "aberración", los tacha de "enfermos" y se refiere a la homosexualidad como "una confusión en la orientación sexual". Según "Público": Un informe ha sacado a la luz la existencia de orgías homosexuales, contrataciones de prostitutos y conversaciones sexuales por teléfono que implican a sacerdotes de toda Italia y el Vaticano. La información afecta a doce arzobispados y cerca de 60 sacerdotes. Llama la atención la hipocresía de la situación, ya que es la misma Iglesia Católica la que considera estos como pecado ya que su objetivo no es la procreación.

Desde que se fundó la Iglesia los sacerdotes han quebrantado los mandamientos que ellos predican, dejando claro que son seres humanos, con sus debilidades y sus miserias, pero... confesándote a un compañero quedas redimido de tus pecados, y además, está el secreto de confesión por el cual no te pueden delatar a la justicia, solo quedas expuesto a la justicia de Dios, y como Dios es compasivo y perdona hasta la violación y el asesinato, ¿para qué cumplir las leyes de los hombres?

Y para terminar vamos a hablar de dinero, porque si por algo se diferencia la Iglesia Católica de las demás religiones, es de ser la que posee y acumula más riquezas. Según "El Plural": Mientras aumenta la pobreza y se privatizan servicios públicos, el Estado español (central y periférico) aporta a la Iglesia católica, a través de subvenciones directas y exención de tributos una cifra que supera los once mil millones de euros anuales, ha denunciado

Europa Laica mediante su informe "Opacidad y Financiación de la Iglesia Católica". La Asociación estatal resalta que "esa cantidad supone más del 1% del Producto Interior Bruto de España". Por ello piden a los contribuyentes que no marquen la casilla de la Iglesia Católica en la declaración del IRPF ni la de fines sociales que también nutre a asociaciones relacionadas. La Iglesia católica española es inmensamente rica, no ha sufrido la crisis y además disfruta de un verdadero paraíso fiscal, al estar libre de pagar impuestos, como el IBI, obras, sociedades, etc. La inmensa mayoría de los bienes que están en su poder y de sus cuentas son totalmente opacas. Para Europa Laica, esta situación es ilegítima, injusta y presuntamente ilegal, y ello ocurre con la complicidad y asentimiento de los poderes públicos.

También hay que dejar claro que la Iglesia, y sobre todo, muchos de sus sacerdotes, monjas y fieles dedican y han dedicado su vida a asistir a pobres, enfermos, marginados, moribundos o huérfanos. Son innumerables los hogares, hospitales, horfanatos y otros organismos creados por la Iglesia para asistir a los más desfavorecidos. Y pertenecientes a la Iglesia han sido personas tan excepcionales como la Madre Teresa de Calcuta, que veía a Cristo en cada leproso o moribundo que ayudaba y con su labor infatigable hasta su muerte, promovió la caridad y la ayuda a los más necesitados en todo el mundo.

El teólogo José María Vigil dice: «No falta en teología la opinión recurrente de que el mensaje de Jesús podría significar la superación de la religión. Jesús se llevaba mal con la religión establecida. Él se enfrenta a sus instituciones, reglas, prohibiciones, ritos y demás mediaciones y expresa claramente que quiere liberar al ser humano de ese tipo de relación con Dios».

Así que para seguir las enseñanzas de Jesús hay que separarse de los sacramentos, ritos y doctrinas de la Iglesia, y secundar el verdadero mensaje de Cristo: "perdona a tus enemigos y ama al prójimo como a ti mismo".

Gandhi dijo: «Tengo gran respeto por el cristianismo. A menudo he leído el Sermón de la Montaña y he aprendido mucho de él. No sé de nadie que haya hecho más por la humanidad que Jesús. De hecho, no hay nada de malo con el cristianismo, pero el problema es con ustedes cristianos que no comienzan a vivir en base a lo que ustedes mismos enseñan».

El budismo es una doctrina filosófica y espiritual. Se originó en la India entre los siglos VI y IV a. C. Su fundador fue Siddhartha Gautama, conocido como el Buda, quien dejó su vida como príncipe para recorrer la India en busca de la manera de cesar el sufrimiento. En el momento de su despertar Siddhartha llevó a cabo una comprensión completa sobre la causa del sufrimiento y sobre cómo eliminarlo. A partir de ahí dedicó sus restantes 45 años de vida a transmitir sus enseñanzas por la India. Buda, al igual que Jesús, no escribió nada, su vida y enseñanzas se transmitieron de modo oral y hasta cuatro siglos después de su muerte no aparecieron los primeros escritos del budismo. Buda nunca quiso que se montara una religión en su nombre, sus enseñanzas se basaban en la experiencia propia: «Nadie nos salva, sino nosotros mismos. Nadie puede y nadie debe. Nosotros mismos debemos transitar el camino».

Buda, nos anima a cuestionarlo todo: «No creas en algo simplemente porque lo has escuchado. No creas en algo simplemente porque es hablado y rumoreado por muchos. No creas en algo simplemente porque se encuentra escrito en tus libros religiosos. No creas en algo simplemente por la autoridad de tus maestros y ancianos. No creas en las tradiciones solamente porque han sido transmitidas por generaciones. Más bien, después de la observación y el análisis, cuando te encuentres con algo que está de acuerdo con la razón y conduce al bien y al beneficio de todos y cada uno, entonces acéptalo y vive conforme a ello». Fue un pionero en la búsqueda en el interior y el control de la mente: «La mente lo es todo. Lo que pienses, en eso te conviertes».

También habló de la necesidad de perdonar a tus enemigos, pues ningún problema se puede arreglar con la misma energía que lo ha creado:

«El odio no cesa con el odio, el odio cesa con el amor. Esta es una ley muy antigua» (Dhammapada 1, 5).

De las enseñanzas de Buda se han creado una infinidad de ritos, mantras, ofrendas y adornos que se alejan de su verdadero mensaje basado en la meditación, hacer el bien, vivir con humildad y compasión.

Los ritos budistas están cargados de mística, supersticiones y ceremonias que para los occidentales son difíciles de entender. Son comunes los cantos de mantras con sonidos guturales, rezos de duración interminable, hacer rodar molinos de oración, colgar banderas de vivos colores para que las oraciones sean impulsadas por el viento, postraciones en el templo o para recorrer cientos de kilómetros hasta llegar a Lhasa, la ciudad sagrada del Tíbet. En el budismo actual visto como religión, lo filosófico y lo religioso van unidos; lo racional y lo mágico van de la mano, y desvían a los practicantes del budismo de la verdadera práctica enseñada por Buda, quien renegó de los ritos hindúes de la época encontrando no pocos detractores, llegando incluso al intento de asesinato. Los religiosos budistas de oriente cumplen con las celebraciones y ritos por seguir la tradición, y muchas veces no saben realmente su verdadero significado. Los niños son llevados a edad muy temprana a los monasterios, sobre todo en los países pobres como Nepal, ya que las familias no pueden mantener a todos sus hijos y saben que en el monasterio tendrán una educación y estarán bien alimentados. Esos niños, la mayoría de las veces, entran al monasterio sin vocación, siguen las tradiciones y celebran los ritos por obligación y cuando son mayores abandonan su vida monástica. En el budismo también se exige el celibato para los mojes y monjas, aunque en algunas ramas menos tradicionales y más permisivas, los monjes se pueden casar y tener hijos.

Cuando viajas a Tailandia, Nepal, India o Japón, entras en uno de los miles de monasterios y observas la cantidad de adornos, pinturas, budas de oro, reliquias y ornamentos, te sientes abrumado por tal cantidad de riquezas. En los países pobres te sorprende ver cómo la gente local no tiene apenas para comer y da ofrendas al templo, ponen varitas de incienso o flores. En países como Laos, es común ver caminar a los monjes por las calles con una escudilla en las manos pidiendo limosna y comida. En estos lugares, los ciudadanos están a veces mal alimentados y lo normal es que los hombres y mujeres estén delgados, con cuerpos fibrosos o hasta desnutridos. En cambio, choca ver a los monjes bien alimentados y, en muchas ocasiones, con sobre peso.

Si los monasterios estuvieran hechos de madera, sin esas estatuas imponentes de Buda bañadas en oro, si todas esas riquezas se emplearan en alimentar a un pueblo hambriento y sin recursos, seguro que Buda se sentiría más honrado.

«Esta es mi simple religión. No hay necesidad de templos, no hay necesidad de filosofía complicada. Nuestro propio cerebro, nuestro propio corazón es nuestro templo; la filosofía es la amabilidad» Dalai Lama.

ALIMENTACIÓN

La alimentación se ha convertido en un negocio fraudulento donde priman más los beneficios que la calidad, donde unos pocos eligen lo que comen miles de millones de personas, donde erradicar el hambre en el mundo no es una prioridad pues se tira más comida de la que se necesitaría para conseguirlo, donde los transgénicos y productos químicos envenenan los alimentos, arrasando tierras y comunidades llevando la producción a miles de kilómetros de distancia en busca de salarios baratos, se está acabando con el campesinado, se imponen los monocultivos, se trata a los animales que se consumen como productos industriales y los gobiernos permiten todo tipo de irregularidades sabiendo que esta comida de poca calidad nos enferma.

Muchos de los datos de este capítulo han sido extraídos literalmente del fantástico libro de Esther Vivas Esteve "El negocio de la comida".

Empecemos hablando del hambre en el mundo, o más bien, deberíamos llamarlo la desigualdad alimentaria, pues hay más personas con sobrepeso que hambrientas.

Hoy, se producen alimentos para 12.000 millones de personas, cuando en el planeta habitan algo más de 7.000 millones (Jean Ziegler, relator especial sobre el Derecho a la Alimentación de las Naciones Unidas). Los últimos 500 años han sido testigos de un crecimiento vertiginoso y sin precedentes del poder humano. En el año 1500, había unos 500 millones de seres humanos en todo el mundo. Se estima que el valor total de bienes y servicios producidos por la humanidad en el año 1500 fue de 250.000 millones de dólares de hoy en día. En la actualidad, el valor de un año de producción humana se acerca a los 60 billones de dólares. En 1500, la humanidad consumía unos 13 billones de calorías de energía al día. En la actualidad, consumimos 1.500 billones de calorías diarias. Por tanto, en solo 500 años, la población humana se ha multiplicado por 14, la producción por 240 y el consumo de energía por 115.

En 1500, la producción global de bienes y servicios era del orden de unos 185.000 millones de euros; en la actualidad se sitúa alrededor de 45 billones de euros. Y aún más importante, en 1500 la producción anual per cápita era de 400 euros de promedio, mientras que en la actualidad cada hombre, mujer y niño produce, de promedio, 6.500 euros ("Sapiens").

Las causas del hambre son políticas. Es una cuestión de justicia social y de políticas de redistribución. Los alimentos se han convertido en una mercancía y su función principal, alimentarnos, ha quedado en un segundo plano. No se trata de producir más, o buscar nuevos comestibles (como los insectos), sino de distribuir aquellos que ya existen y hacerlos accesibles a la gente.

África es una tierra expoliada. Sus recursos naturales han sido arrebatados a sus comunidades a lo largo de siglos de dominio y colonización. Aunque no solo se trata del expolio de oro, petróleo, coltán, caucho, diamantes... sino también agua, tierras y semillas que dan de comer a sus habitantes. Si el 80% de la población en el cuerno de África, como indica la Organización de las Naciones Unidas para la alimentación y la Agricultura, depende de la agricultura como principal fuente de alimentos e ingresos, ¿qué hacer cuando no hay tierra que cultivar?

El Global Land Project, habla de la adquisición de entre 51 y 63 millones de hectáreas solo en África. Se trata de arrendamientos, concesiones o compra de tierras, que son llamadas el nuevo "colonialismo agrario", al tratarse de una recolonización indirecta de los recursos africanos. Etiopía ofreció en 2011 tres millones de hectáreas de tierras cultivables a inversores extranjeros. El negocio no podía ser mejor: 2.500 km^2 de tierra virgen productiva a 700 euros al mes, con un contrato a 50 años. Las consecuencias: miles de campesinos y pueblos indígenas expulsados de sus tierras, en concreto aquellos que más padecían el hambre y la falta de alimentos, así como vastas extensiones de bosques talados y quemados. Esto conlleva a que los agricultores locales se vean forzados a trabajar para los nuevos dueños de las tierras por unos sueldos indignos y con unas condiciones deplorables.

Vivimos en un mundo de obesos y famélicos. Por primera vez en la historia de la humanidad, hay más personas con sobrepeso que desnutridas: 815 millones de personas en el planeta pasan hambre (FAO), mientras 2.100 millones sufren de sobrepeso (OMS). En España un cuarto de los adultos padece problemas de sobrepeso y obesidad (ONU). El problema de la alimentación no consiste únicamente en si podemos comer o no, sino en qué ingerimos, de qué calidad y procedencia, cómo ha sido elaborado. No se trata solo de comer sino de comer bien. La estimación global del coste económico del sobre peso y la obesidad, en términos de atención sanitaria y pérdida de días de trabajo se estima en 2 billones de dólares (MGI). Y la obesidad es responsable en todo el mundo de 3,4 millones de muertes al año.

Cada año la población de los países "desarrollados" gasta más dinero en dietas que la cantidad que se necesitaría para dar de comer a toda la gente hambrienta en el resto del mundo. La obesidad es una doble victoria para el consumismo. La gente come demasiado y después compra productos dietéticos, con lo que contribuye doblemente al crecimiento económico.

Pero, ¿quién sale ganando con este problema económico y de salud? La industria agroalimentaria y los supermercados son los principales beneficiarios (El Mundo, BBC, El País).

El mundo desperdicia 1.300 millones de toneladas de alimento anuales: (FAO). Y en España, se tiran al año 7,7 millones de toneladas de comida en buen estado, según datos del Ministerio de Agricultura, Alimentación y Medio Ambiente.

Y puede que te preguntes: ¿Por qué se tira tanta comida? En el campo, cuando el precio cae por debajo de los costes de producción o cuando la mercancía no cumple los criterios de tamaño y aspecto dictados, ya sea debido al mal tiempo o a las plagas, el agricultor opta por no recolectarla, ya que el coste de la cosecha sería superior al que le pagarían por el producto. En los mercados mayoristas y supermercados, cuando los alimentos no pasan los criterios establecidos o cuando está cercana su caducidad, son retirados de la venta. En los hipermercados se requieren un elevado número de productos para tener los estantes llenos, aunque se caduquen y luego se tengan que tirar. En restaurantes y bares, donde una mala previsión es consecuencia de que se tire mucha comida. Y en nuestras casas, por cocinar en exceso o por comprar alimentos que realmente no necesitamos, que se ponen malos y acabamos tirándolos.

Cada vez hay más gente que coge comida de la basura, sobre todo en los contenedores de supermercados y bares, esto no interesa a las empresas y la justicia los ampara, con multas por hurgar en un contenedor de 750 euros. Es como las multas que les ponen a los indigentes por dormir en un cajero automático. ¿Cree quien impone esas leyes sin sentido, que si esas personas pudieran pagar esa multa, cogerían comida de la basura y dormirían en la calle?

Pero, ¿qué comemos? ¿Quién controla la producción y distribución de los alimentos?

Han secuestrado la mayoría de las semillas de las que se abastecía el hombre desde el comienzo de la era agrícola. La alimentación moderna depende de unas pocas variedades agrícolas y ganaderas. En la actualidad, tan solo cinco variedades de arroz proporcionan el 95% de las cosechas en los mayores países productores y el 96% de las vacas de ordeño en España pertenecen a una sola raza, la frisona (Veterinarios Sin Fronteras). Según la FAO un 75% de las variedades agrícolas han desaparecido a lo largo del último siglo.

En 12.000 años de agricultura, se manejaron unas 7.000 especies de plantas y varios miles de animales para la alimentación, pero hoy, según datos del Convenio sobre Diversidad Biológica, solo 15 variedades de cultivos y 8 de animales representan el 90% de nuestra alimentación (FAO).

La generalización de las semillas híbridas y transgénicas fue uno de los mecanismos utilizados para controlar su comercialización. Las variedades transgénicas contaminan las tradicionales, a través del aire y la polinización, condenándolas a su desaparición e imponiendo un modelo alimentario en manos de la agroindustria. El mercado mundial de semillas está extremadamente monopolizado y solo seis empresas (Syngenta, Bayer, BASF, Dow Chemical, Monsanto y DuPont) controlan el 60% del total (Grupo ETZ).

El uso intensivo de fertilizantes y pesticidas químicos son una muestra de la adicción al petróleo por la industria agroalimentaria. Se necesitan altas dosis de fertilizantes elaborados con petróleo y gas natural, como amoniaco, urea, etc., que sustituyen los nutrientes del suelo. Multinacionales petroleras como Repsol, Exxon Mobile, Shell, Petrobras, cuentan en su cartera con inversiones en producción de fertilizantes agrícolas. En respuesta al aumento del precio del petróleo y con el objetivo de encontrar un petróleo alternativo, más barato, es responsable también el incremento del precio de la comida. La producción de agrocombustibles, a los que el sector denomina "biocombustibles", en una estrategia de marketing empresarial, necesita de maíz, arroz, trigo y cebada para su elaboración. El aumento de la demanda de dichos productos para producir "petróleo verde" conduce a una subida de su precio y esto repercute finalmente en el coste de los alimentos al consumidor.

También se necesita de petróleo en los largos viajes que realizan los alimentos desde donde se cultivan hasta el lugar en que se consumen. Se estima que la comida viaja de media unos 5.000 kilómetros del campo al plato.

Los transgénicos producen un impacto sobre los insectos, sobre todo los encargados de la polinización como abejas, mariposas, avispas. En concreto, el maíz transgénico Bt desprende una toxina que no solo acaba con la plaga del taladro sino que también mata a otros insectos.

En la Universidad de Caen, Francia, se hizo público un estudio que ponía en evidencia los efectos nocivos a largo plazo del maíz transgénico NK603 y del pesticida Roundup en experimentos con ratas, las cuales a lo largo del ensayo desarrollaron enormes tumores y enfermedades renales y hepáticas.

Somos lo que comemos. Y si consumimos productos elaborados con altas dosis de pesticidas, fitosanitarios, transgénicos, edulcorantes, colorantes y sustancias que nos convierten en adictos a la comida basura, esto acaba, tarde o temprano, teniendo consecuencias en nuestra salud.

¿Qué podemos hacer para comer bien? Como decía Michael Pollan se trata de comer "comida", lo que no es tan sencillo como parece. "Antes lo único que se podía comer era comida, hoy encontramos en el supermercado miles de otras sustancias comestibles parecidas a la comida".

Y, ¿quién se beneficia de las irregularidades y desigualdades en la elaboración y comercialización de la comida?

En España, la agricultura ha pasado de ser una de las principales actividades económicas a una práctica casi residual. En 1900, el 70% de la población activa trabajaba en el sector agrícola; en 1950 disminuyó hasta el 50%; en 1980 bajó hasta el 19%; y en 2016, solo un 4% de la población trabaja en el campo (INE).

El precio de los alimentos del campo a la mesa sufre una subida exorbitante y mal repartida. Con datos de mayo de 2018 facilitados por COAG sobre el incremento origen-destino: Acelga 453%, berenjena 450%, calabacín 431%, brócoli 576%, melocotón 441%, sandía 508%, ternera 284%, pollo 150%, leche de vaca 159%. En general el número de veces que se multiplica el precio de origen hasta que llega al consumidor es de 4,05. O sea, que cuando pagamos un euro por un alimento, el agricultor o ganadero se está llevando 25 céntimos de media.

La mayoría de las subvenciones se las llevan los más ricos. Del total de beneficiarios de la PAC, únicamente el 16% recibe el 75% de las ayudas, mientras que el 84% restante, tiene que repartirse un raquítico 25%. Esto ha conducido a que el 17% de los propietarios de las mayores explotaciones en España tengan unos ingresos muy por encima de la renta media general, mientras que el 60% de las explotaciones más pequeñas estén por debajo. Tras la maraña legal y técnica que acompaña el funcionamiento del sistema se esconde un principio muy simple: cuanto más produces y más tierras posees (es decir, cuanto más rico eres), más apoyo público recibes (Intermón Oxfam).

A principios de 1900, Emiliano Zapata, campesino y referente de la revolución mexicana, exigía: "La tierra para quien la trabaja".

Está resurgiendo una nueva agricultura ecológica y de calidad, productos de la tierra producidos por agricultores independientes o pequeñas cooperativas. Lo malo es que se topan con infinidad de trabas legales, impuestos y dificultades en la distribución, que hacen que su precio sea mucho más elevado que los productos del supermercado.

Otro problema que crece cada año es la cantidad de plástico que se produce y se consume. En el documental "Plastic Planet" se afirma que comemos y bebemos plástico, y que la cantidad de plástico que hemos producido es suficiente para envolver hasta seis veces el planeta con bolsas. Muchos de esos residuos que no se pueden tratar van a parar a los países de África, sus gobiernos aceptan convertirse en el vertedero del primer mundo por un puñado de dólares. Y puede que los mares y océanos sean los más afectados. Según "Greenpeace": Hoy en día solo el 9% de todo el plástico que hemos producido y utilizado hasta la actualidad a nivel mundial se ha reciclado, el 12% se ha incinerado, y la gran mayoría, el 79%, ha terminado en vertederos o en el medio ambiente. Muchos de esos plásticos pueden terminar en el mar a causa del flujo de agua que termina en los mares y océanos. Una vez que llegan al mar, pueden ser ingeridos por la fauna marina y acumularse en su interior, ese plástico amenaza a 700 especies diferentes. Según "Acuae Fundation": Los océanos acumulan más de 250.000 toneladas de plásticos en sus aguas y 8 millones de toneladas de plásticos se vierten al año. Se estima que en 2020 el ritmo de producción de plásticos habrá aumentado un 900% y en 2050 las aguas del planeta contendrán más plásticos que peces en términos de peso. La acumulación de plásticos ha generado cinco grandes islas de basura, dos en el Pacífico, dos en el Atlántico y una en el Índico.

Los animales se han convertido en los grandes perdedores con la "evolución humana". Mientras cada día se extinguen más especies, los animales destinados a la alimentación son tratados como meros objetos y sufren una vida desligada de sus instintos y necesidades. Las gallinas ponedoras tienen su instinto animal, quieren picotear, explorar su entorno, relacionarse con otros de su especie. Pero la industria productora las encierra en una jaula minúscula y no pueden moverse. Lo mismo pasa con cerdos o vacas. 50.000 millones de animales de granja son sacrificados para el consumo y tratados como objetos en una cadena de montaje. Las crías son apartadas de las madres generando un trauma en ambas partes. Se atiborra a antibióticos y hormonas a los animales productores de carne para asegurar un engorde rápido y barato. Se les desplaza cientos o miles de kilómetros hacinados en camiones en pleno verano. Escuchar los chillidos de miedo y dolor que emiten los pasajeros de un camión repleto de cerdos podría servir de banda sonora en una película de terror, pero por desgracia es muy real y lo vemos como normal y necesario. Desde el punto de vista del ganadero o el pastor puede parecer justo, pero los intereses y derechos de los animales, ni siquiera, son tomados en cuenta. Un lobo en libertad a punto de la extinción, con su hábitat cada día más reducido, con sus presas naturales mermadas y con el peligro constante de ser cazado o atropellado, seguro que tiene una vida mucho más plena y feliz que cualquier habitante de un zoo, y sin duda, infinitamente mejor que un animal de granja que pasa su corta vida hacinado en una jaula esperando a ser sacrificado para que un niño obeso se coma un Happy Meal en cualquier MacDonal's del mundo.

En la actualidad, los continentes de la Tierra son el hogar de más de 7.000 millones de seres humanos. Si se pusiera a toda esta gente en una gran balanza, su masa combinada sería de unos 300 millones de toneladas. Si a continuación se cogieran a todos nuestros animales domésticos y se pusieran en una balanza todavía mayor, su masa supondría del orden de 700 millones de toneladas. En contraste, la masa combinada de todos los animales salvajes no llega a los 100 millones de toneladas. Los libros de nuestros hijos, nuestra iconografía y nuestras pantallas de televisión están todavía llenos de jirafas, lobos y chimpancés, pero en el mundo real quedan muy pocos. En el mundo hay unas 80.000 jirafas, frente a los 1.500 millones de cabezas de ganado vacuno; solo 200.000 lobos, frente a los 400 millones de perros domésticos; solo 250.000 chimpancés, frente a los miles de millones de humanos. Realmente, la humanidad se ha apoderado del mundo y lo modifica a su conveniencia sin importarle las consecuencias para el planeta. Decenas de millones de animales se han visto sometidos a lo largo de los últimos siglos a un régimen de explotación industrial cuya crueldad no tiene precedentes en los anales del planeta Tierra. Solo con que aceptemos la mera décima parte de lo que afirman los activistas por los derechos de los animales, entonces pudiera ser que la industria de la ganadería industrial moderna fuera el mayor crimen de la historia ("Sapiens").

Estos son solo algunos datos que nos muestran los entresijos que hay detrás de la alimentación cada vez más industrializada y global. Si es cierto el dicho: "Somos lo que comemos", puede que tenga mucho que ver la alimentación que llevamos y de dónde provienen esos alimentos (con una estela cada vez menos ética), con la sociedad enferma, egoísta e inconsciente que está destruyendo la biodiversidad de la Tierra, y por lo tanto, se está destruyendo a sí misma.

IGUALDAD DE LA MUJER

«No es la inferioridad lo que ha determinado la insignificancia histórica de las mujeres, sino, al contrario, su insignificancia histórica lo que ha determinado su inferioridad» Marx.

Desde que se tiene memoria, desde que se cree que Dios creó a la mujer de una costilla de Adán, desde que por su culpa comieron la manzana y fueron expulsados del paraíso, se ha considerado a la mujer como un ser inferior al hombre. No podía estudiar, ser sacerdote, no era testigo creíble en un juicio, no podía divorciarse, tenía que pedir permiso a su marido para tomar cualquier decisión, los hombres no debían tocarla cuando estaba menstruando, si cometía adulterio era condenada a sufrir lapidación (todavía sucede en algunos países musulmanes), no podía votar en las elecciones, estaba mal visto que trabajara fuera de casa y era imposible que desempeñara puestos de relevancia en la sociedad.

En algunos textos chinos más antiguos se relata cómo preguntaban al oráculo si iban a tener un niño o una niña, si era niña lo veían como una desgracia. La China comunista promulgó la política del hijo único, muchas familias consideraban el nacimiento de una niña una desgracia y, a menudo, las abandonaban e incluso las mataban. En India tampoco quieren tener hijas, pues cuando se casen tendrán que dar una dote a la familia del marido. Hace no tanto, las mataban nada más nacer y ahora, hay un índice de aborto enorme cuando saben que es niña, la revista "The Lancet" estima que más de 12 millones de niñas podrían haber sido abortadas desde 1984 en la India. En los países musulmanes ser mujer es sinónimo de vejaciones, limitaciones y obediencia al marido. En el mundo occidental están mejorando las cosas pero el peso de la historia, las creencias y costumbres son como una losa que todavía tiene que cargar el sexo femenino.

Como en todas las congregaciones de los santos, las mujeres guarden silencio en las congregaciones, porque no se permite que hablen, sino que estén en sujeción, tal como dice la ley. Pues si quieren aprender algo, interroguen a sus propios esposos en casa, porque es vergonzoso que una mujer hable en la congregación (1Corintios, 14 33-35).

El libro que estás leyendo es machista, lo admito. Pero no porque el escritor lo haya querido así, es machista porque los grandes sabios y filósofos, los mesías y los maestros, los iluminados y ascendidos son hombres, por lo menos los conocidos, los que su mensaje ha trascendido y ha llegado hasta nuestros días. ¿A qué se debe esto?, ¿A que no ha habido mujeres con mensajes importantes que compartir? Lo dudo. ¿O será que no ha interesado que nos lleguen?

La Biblia es el libro más leído y venerado de las religiones de occidente. Está escrito en un tono machista, donde la mujer queda relegada a un segundo plano, e incluso, muchas veces se la tacha de inmoral y fuente de pecado. Su opinión no cuenta, le es muy difícil cursar estudios o trabajar fuera de casa y está obligada al cuidado del marido y los hijos.

Que la mujer aprenda en silencio, con plena sumisión. No permito que la mujer enseñe, ni que ejerza autoridad sobre el hombre, sino que esté en silencio (1 Timoteo 2, 11-12).

¿Dónde están las impresiones de la Virgen María? Su papel en la historia se limita al de madre que da a luz, cuida y sufre por su hijo. ¿Acaso no tendría nada importante que decir? ¿Ese es solo el papel de la mujer más importante del Nuevo Testamento? Le quitan su condición de mujer, de hembra. Aunque es la madre de Jesús, es virgen, puesto que procrear es algo impuro, le quitan el derecho a ser mujer y en la Biblia le otorgan un halo místico, la pureza encarnada, la virgen que no ha conocido hombre y es sierva de Dios.

Existe un Evangelio gnóstico escrito por María Magdalena, la que se sospecha que era la mujer de Jesús y en quien Cristo más confiaba, pues hasta Pedro se enfurece porque Jesús le revelaba secretos que no compartía con los Apóstoles. Cuando Jesús resucita es a ella a quien primero se aparece, va a avisar a los Apóstoles y no la creen. ¿Por qué no se incluye su Evangelio en el Nuevo Testamento? ¿Acaso no es válido el testimonio de la mujer más cercana a Jesús?

Una de las partes más revolucionarias y que más chocó a los contemporáneos de Jesús fue su trato hacia la mujer. Según el teólogo Juan Arias: «Jesús se saltó todas las prohibiciones a las que estaban sometidas las mujeres e implantó en sus relaciones con ellas la gran revolución de comportarse ignorando todos los tabúes que pesaban sobre ellas. Las trataba como a los hombres. Así se dejaba tocar por ellas, aunque fueran prostitutas o estuvieran enfermas de flujo de sangre, como la hemorroísa (curó a una mujer con desarreglo menstrual, que en esa época era algo vergonzoso) o se paraba a hablar con ellas en público, como en el caso de la mujer samaritana. No permite que se condene a muerte a la mujer cogida en adulterio y las mujeres lo acompañaban al igual que los hombres en sus correrías apostólicas. Mientras los otros profetas de Israel curaban solo a los hombres enfermos, Jesús lo hacía por igual con las mujeres y con los hombres. No hay una sola vez en los Evangelios que una mujer le pida algo que él no se lo conceda. Es más, Jesús llega a poner a la mujer como metáfora y emblema del Nuevo Reino de libertad que anduvo predicando. Jesús defendió la paridad del hombre con la mujer más que con palabras, lo hizo con gestos bien concretos. Las hacía incluso protagonistas de sus parábolas como la mujer del dracma perdido o la del óbolo del Templo. No podemos olvidar que Jesús era adepto a la filosofía gnóstica donde no se hace distinción entre lo masculino y lo femenino. (…) Si después de más de veinte siglos la Iglesia sigue discriminando a la mujer e insistiendo en el carácter jerárquico de la institución, donde ella tiene un lugar secundario, y en la que sigue siendo vista como instrumento de pecado y como tentación para la virtud de los hombres, es fácil imaginar cómo podía ser vista en tiempos de Jesús su actitud de total libertad no solo con las mujeres en general, sino hasta con las consideradas más libertinas como las prostitutas. Jesús anunciaba con sus palabras y con sus gestos, con el coraje que la Iglesia nunca ha tenido, que para Dios no existe distinción entre hombre y mujer porque ambos son hijos del mismo Padre, poseedores de la misma libertad y de los mismos derechos. Hay hasta quien defiende que uno de los motivos por los que Jesús fue llevado a la cruz era por su patente violación y hasta provocación de las leyes que consideraban a la mujer inferior y sometida al hombre en todo. Era demasiado para aquella cultura que siempre había conocido a Dios con rostro masculino».

¿Por qué la Iglesia a obviado la posición de Jesús respecto a la mujer? Una religión que predica que todos somos iguales ante los ojos de Dios, ¿por qué no lo somos ante las leyes del hombre? Y, ¿por qué no dejamos de decir hombre para decir persona? El lenguaje está hecho para que predomine lo masculino. Una de las cosas que más me ha dolido al leer a los sabios y filósofos de la antigüedad es que siempre se habla del hombre, el hombre tal... el hombre cual... ¿y la mujer? A los poderosos nunca les ha interesado que la mujer ocupe una posición de igualdad en la sociedad y todavía menos que lleguen a los puestos de relevancia. Pero ha habido mujeres que no estaban de acuerdo con el orden establecido, tenían algo que decir, se revelaron y dejaron un toque femenino en los anales de la historia.

«Hay un principio bueno que ha creado el orden, la luz y el hombre, y un principio malo que ha creado el caos, las tinieblas y la mujer» Pitágoras.

Una de las primeras fue Hipatia (355-415). Esta seguidora de Plotino era miembro y cabeza de la Escuela neoplatónica de

Alejandría. Cuando Platón fundó la Academia no hizo distinciones entre hombres y mujeres, ricos o pobres, y puede que fuera la primera vez en la historia que todos tuvieron acceso a una educación, donde se valoraba más las aptitudes y el esfuerzo que la condición de la persona. Fue la primera mujer matemática de la que se tiene constancia. Filósofa y maestra neoplatónica destacó en los campos de las matemáticas y la astronomía. Inventó un densímetro y mejoró el diseño de los primitivos astrolabios (instrumentos para determinar las posiciones de las estrellas). Su fidelidad al paganismo en el momento de auge del catolicismo en el estado romano le costó la vida. Fue asesinada por una turba de cristianos, tras desnudarla, la golpearon con piedras y tejas hasta descuartizarla, sus restos fueron paseados con triunfo por la ciudad hasta el crematorio donde los incineraron.

«Defiende tu derecho a pensar, porque incluso pensar de manera errónea es mejor que no pensar» Hipatia.

La figura de Hipatia se ha convertido en un verdadero mito y la llaman "mártir de la ciencia". ¿Cómo iban a florecer filósofas, pensadoras, científicas, médicas o astrólogas con semejante antecedente de la desaprobación del hombre y la Iglesia hacia las mujeres inteligentes e independientes? A todas las dificultades para que las mujeres prosperaran y destacaran había que unir el miedo a ser asesinadas violentamente. Así, su contribución en la religión, la ciencia, la literatura, las matemáticas, la música, la pintura o escultura apenas es reseñable hasta hace unos cientos de años.

En el siglo XX con la aparición del movimiento feminista con la figura de Simone de Beauvoir a la cabeza, las mujeres comienzan a exigir sus derechos y surgen movimientos que reivindican la igualdad de sexos. Se consigue la legalización del aborto en Francia y se comienzan a denunciar los malos tratos que reciben las mujeres. Simone de Beauvoir sostiene que «"la mujer" o lo que entendemos por mujer es un producto cultural que se ha construido socialmente. Entre el amo y el prójimo, entre el mismo y el semejante, el varón ha construido a la mujer como una "Otra" peculiar que le sirve de mediadora para realizarse como el ser trascendente que es sin pasar por "la dura exigencia de un reconocimiento recíproco". La mujer, como el esclavo, es la mediadora porque, al ser la que da la vida, está directamente relacionada con la Naturaleza, mientras que el hombre se relaciona con la Naturaleza a través de ella. La mujer es puente entre la Naturaleza y el varón, porque dar la vida es mantenerse en la inmanencia, asegurar la repetición y la permanencia de la especie; pero, al mismo tiempo, siendo semejante al hombre y reconociendo en la trascendencia que él realiza su esencia humana, permite al hombre enseñorearse sobre la Naturaleza, dominar lo inmanente, imprimir sus valores en el mundo».

Simone de Beauvoir denuncia que: «la mujer se ha definido a lo largo de la historia siempre respecto a algo (como madre, esposa, hija, hermana)» y reivindica que: «la principal tarea de la mujer es reconquistar su propia identidad específica y desde sus propios criterios. Ya en el Génesis se expresa esta desigualdad: Eva no fue creada al mismo tiempo que el hombre, no fue creada con una sustancia diferente ni con el mismo barro que sirvió para modelar a Adán; nació del costado del primer varón. Su nacimiento mismo no fue autónomo; Dios no eligió espontáneamente crearla con una finalidad en sí y para ser directamente adorado a cambio: la destina al hombre, se la a Adán para salvarlo de su soledad, tiene en su esposo el principio y el fin; es su complemento en el registro de lo inesencial. (...)

Las características que se identifica en las mujeres no les vienen dadas de su genética, sino por cómo han sido educadas y socializadas». Como resumen de este pensamiento escribió una de sus frases más célebres: "No se nace mujer, se llega a serlo". "No se nace mujer" quiere decir que no se nace sensible, abnegada, modesta, sumisa, afectuosa, etc., es decir, que no se nace con los atributos de la feminidad; pues lo que denominamos masculinidad o feminidad son modos de conducta adquiridos: "se llega a serlo". El libro donde hace estas reflexiones: "El segundo sexo", nace de una pregunta que se formuló la autora: "¿Qué ha supuesto para mí el hecho de ser mujer?" Responder aquella pregunta fue como una revelación: el mundo en el que había crecido era un mundo masculino, su infancia había estado nutrida de mitos forjados por los hombres y ella no había reaccionado ante todo eso de la misma manera que si hubiera sido un hombre. Este descubrimiento le interesó tanto que decidió dedicarse al estudio de la condición femenina en general. Llega a la conclusión de que: «el hombre que hace la guerra y sale a cazar el alimento arriesga la vida, mientras que la mujer, recluida en el hogar, no arriesga sino que da la vida, en su papel de reproductora de la especie. Sin embargo, celebra con el hombre sus hazañas guerreras y sus expediciones de caza, es decir, acepta los valores de los hombres, mientras que a su función de reproducción no se le otorga valor en su grupo social. Así es como se impuso el valor de arriesgar la vida por encima del valor de la vida, el dominio del sexo que mata sobre el sexo que engendra. El hombre determina el futuro de la mujer, que sabe lo que ella es a través de lo que el hombre la hace ser. Y tiene que hacer, por tanto, su aprendizaje del mundo por ideología interpuesta, descubriendo que su ser no es el ser que los otros (los hombres) pretenden que es. Lo cual supone una notable desventaja en relación con los hombres».

El libro fue prohibido por la Iglesia católica y en España no se publicó hasta después de cincuenta años desde que saliera su primera edición, pues aquí estábamos en plena dictadura y el escrito atentaba con miles de años de considerar a la mujer como un ser inferior y alentaba a que esas madres, esposas, hijas o hermanas se rebelaran contra el orden establecido y reivindicaran sus derechos. Simone de Beauvoir se convirtió en precursora del movimiento feminista al describir a una sociedad en la que se relega a la mujer a una situación de inferioridad. En ocasiones asemeja la situación de las mujeres con la de los negros en América: «las niñas, como los negros americanos, perciben en la preadolescencia que han caído del lado malo. Pero la gran diferencia es que los negros, al mismo tiempo que la soportan, se rebelan contra su situación, mientras que las niñas "son invitadas a la complicidad". La acción de las mujeres nunca ha pasado de ser una agitación simbólica, solo han ganado lo que los hombres han tenido a bien de concederles; ellas no han tomado nada: han recibido».

Su análisis de la condición femenina, en ruptura con las creencias existencialistas, se apoya en los mitos, las civilizaciones, las religiones, la anatomía y las tradiciones. Este análisis desató un escándalo, en particular el capítulo dedicado a la maternidad y al aborto, entonces equiparado al homicidio. Expone que: «el destino que la sociedad propone tradicionalmente a la mujer es el matrimonio. La mayor parte de las mujeres están casadas, lo han estado, se preparan para estarlo o se lamentan por no haberlo logrado. Frustrada, rebelde o incluso indiferente con respecto a esta institución, la soltera se define con respecto al matrimonio. Y esta se convierte en una institución burguesa repugnante, similar a la prostitución en la que la mujer depende económicamente de su marido y no tiene posibilidad de independizarse».

Desde que viera la luz "El segundo sexo" a mediados del siglo XX la situación de la mujer ha cambiado a mejor: tiene pleno derecho a estudiar lo que desee, se ha incorporado al mercado laboral ocupando puestos antes reservados para hombres como policía, chófer, científico, bombero, deportista, político, etc., ha logrado compaginar la maternidad con el trabajo, cada vez tiene más presencia en los gobiernos y hasta ha llegado a presidenta en algunos países como Alemania. Está más que demostrada la valía tanto mental como física de la mujer, superando al hombre en muchos aspectos como la inteligencia emocional.

«Llamar a la mujer el sexo débil es una difamación; es una injusticia que comete el hombre con ella. Si por fuerza entendemos la fuerza bruta, entonces es cierto que la mujer es menos brutal que el hombre. Si por fuerza entendemos firmeza moral, la mujer es inconmensurablemente superior al hombre. ¿No tiene ella más intuición? ¿No está más presta al sacrificio? ¿No posee más poder de resistencia? ¿No tienen más valor? Sin ella, el hombre no existiría. Si la no violencia es la ley del ser, el futuro pertenece a las mujeres» Gandhi.

El siglo XXI es el siglo de las mujeres. Se acabó el depender de las exigencias de la sociedad, llegó el momento de romper las cadenas que las atan al marido y a los hijos. Es la mujer quien decide su futuro, es la mujer la que forja su destino, la que demuestra su valía con acciones dignas de un ser igual al hombre. Ha llegado el momento de reescribir la historia y que la voz de la mujer sea escuchada, valorada, estudiada, reverenciada y compartida. Ha llegado la hora de que no se hable de hombre o mujer más allá de la diferencia de sexo que nos complementa y que preserva el equilibrio de la Naturaleza, y que por fin se hable de personas, de seres humanos, con total igualdad y derechos.

¿SOMOS TODOS IGUALES?

La Declaración Universal de Derechos Humanos en su artículo 1 dice que: todos los seres humanos nacen libres e iguales en dignidad y derechos y, dotados como están de razón y conciencia, deben comportarse fraternalmente los unos con los otros.

Estamos siendo testigos de una oleada de inmigración hacia los países de occidente sin precedentes. Cada día, si el mar está tranquilo (y si no, hay veces que también), cientos de inmigrantes se lanzan al mar Mediterráneo en busca de fortuna en alguno de los países "desarrollados" que están al otro lado de la orilla. Según "diariosur.es" en el año 2017 llegaron a España 22.108 personas cruzando el Mediterráneo y en 2018, ya han llegado 20.992 hasta el mes de julio.

Muchas veces lo hacen en embarcaciones precarias, sin saber nadar y sin un experto marinero que los lleve a buen puerto. Esto es un problema para las Naciones y algunas como Italia, se está negando a acoger a los desesperados africanos que se echan a la mar. Para los gobiernos que tienen que atender a estas personas, que vienen con lo puesto y con niños o mujeres embarazadas, se abre un dilema moral y un gasto económico. Lo malo es cuando se olvida que son personas que merecen ser tratadas con dignidad. La población está dividida entre los que apoyan que se les ayude y los que no. En las redes sociales hay muchos mensajes racistas culpando a estos inmigrantes de todos los males del país. Está claro que hay que dar una solución a la oleada de pateras que llegan, sobre todo en el verano. Se les concede ayuda humanitaria, se les retiene en centros habilitados para ello, pero una vez pasado un tiempo, se les deporta o se les abandona a su suerte. Esa ayuda humanitaria es necesaria, sobre todo al desembarcar, pues vienen exhaustos y en malas condiciones. Después llega el verdadero dilema: ¿Qué hacer con ellos? ¿Deportarlos o dejar que se queden? ¿Tratarlos como personas o como indeseables? ¿Prestarles ayuda económica o abandonarlos a su suerte? Necesitan de esa ayuda al llegar, pues vienen sin nada, pero después... ¿hay que seguir manteniéndoles? Creo, que en general, se tendrían que dar menos ayudas y más oportunidades. Las ayudas, cuando se alargan en el tiempo, hace a la gente dependiente, se acomodan y se dicen: "¿para qué voy a trabajar si puedo vivir del Estado? (Y esto vale para inmigrantes y españoles). En cambio, si se les brinda la oportunidad de trabajar dignamente, de formar una familia y de ser útiles para la comunidad, se integrarían y serían personas independientes. Pero muchos terminan sin papeles, vendiendo en el top manta, trabajando de ilegales con unas condiciones laborales deplorables, delinquiendo o prostituyéndose.

Sé que es difícil encontrar trabajo para tantas personas, aunque hay muchas cosas que se podrían hacer... pero es competencia del Gobierno y las instituciones buscar una solución. Y creo, que la mejor, es ayudarles en sus países de origen, que no tuvieran que lanzarse al mar y jugarse la vida en busca de algo mejor.

Otra opción sería soltar tiburones en el Estrecho, así, se los comerían y no llegaría ninguno (ironía). Por desgracia a más de uno le parecería bien esta opción...

«Quiero ser el hermano del hombre blanco, no su hermanastro» Martin Luther King.

Si todos somos iguales, si todos tenemos los mismos derechos, si todos somos hermanos, ¿por qué existe el racismo? Si provenimos del homo sapiens (y os recuerdo que los primeros homo sapiens eran africanos), todos tenemos la misma sangre, la sangre que simboliza ese parentesco que nos conecta con nuestros antepasados. ¿Por qué tanto odio y repulsión al extranjero?

Cuando iba a primaria, en todo el colegio, solo había un niño de color, un inmigrante. Era "el negro" porque solo estaba él. En la actualidad, en cualquier colegio, hay una diversidad racial enorme. Nuestros hijos tienen la oportunidad de aprovechar esa riqueza cultural y nosotros también; antes, para poder aprender de otras culturas, practicar otro idioma, conocer gente diferente... se tenían que recorrer muchos kilómetros. Ahora, ¡los tenemos al lado de casa!

Los mayores culpables de la miseria en el tercer mundo somos los del llamado primer mundo. Nosotros fuimos los que les invadimos y quisimos imponer con el colonialismo nuestra cultura y religión, los que les robamos el oro y sus recursos naturales, los que violamos a sus mujeres y nos adueñamos de sus hijos, los que los cazamos como si fueran animales y los convertimos en esclavos, y los que en pleno siglo XXI seguimos aprovechándonos de sus tierras, expoliando sus riquezas: oro, petróleo, cóltan, caucho, diamantes..., explotándolos como fuerza de trabajo de mano de obra barata, usando sus países como vertedero y, usamos el brindarles nuestra ayuda, como forma de limpiar nuestras conciencias. Les debemos más a África, Asia o Sudamérica de lo que podremos pagarles nunca, pues les robamos su identidad, la oportunidad de vivir de sus tierras, el derecho a elegir.

Fragmento extraído de mi tercer libro "Escribiendo el mundo": «Paseo por la ciudad de Puno (Perú) y subo al Mirador del Cóndor. Me cruzo en las escaleras con Jaime, un peruano de treinta años con ojeras y ganas de hablar. Ayer salió de fiesta y tomó tanto que no se acuerda de nada, ha perdido la cartera y el móvil. Un hilillo blanco en la comisura de los labios y sus ojos rojos como si se hubiera rascado después de tocar chili le delatan. Me pregunta cosas de España y sobre las noticias mundiales. Como no veo la tele, ni escucho la radio, ni leo el periódico, él está más al tanto de la actualidad que yo (estoy aislado del mundo y me encanta). Me cuenta que aquí hay mucho atraso y que quiere ir a Ecuador donde se paga en dólares. Un jornal en Perú ronda los 60 soles diarios (menos de 400 euros al mes) y les llega muy justo para vivir. Le cuento alguna anécdota de mis viajes y escucha con atención.

—Me cambiaría por ti ahora mismo —me mira con cara de

pena—, yo nunca podré salir de la miseria.

Me aflige lo que ha dicho y sobre todo su mirada, cargada de decepción y añoranza. Cuando sigo subiendo la interminable escalinata pienso en lo afortunado que soy por llevar la vida que he elegido, soy consciente de que hay demasiada gente en el mundo atada a una realidad llena de trabas y de sufrimiento...»

Somos unos afortunados, simplemente por haber nacido en un país sin guerras ni hambre, por tener un pasaporte europeo que nos abre las puertas en cualquier nación, por tener acceso a una educación y a unas oportunidades. La única diferencia entre Jaime y yo, es el lugar donde nacimos, ese simple hecho aleatorio determina nuestras oportunidades. Mientras existan las fronteras y los pasaportes, las clases sociales y las exclusiones raciales, no podremos decir que todos somos iguales.

«Vive sencillamente para que otros puedan simplemente vivir» Teresa de Calcuta.

SOY LO QUE VEO

Un refrán de toda la vida: "Dime con quién vas y te diré quién eres". Nos decía que con quién compartes tu tiempo, a quién escuchas, a quién crees... determina tu manera de ser, tu manera de pensar, tu manera de hablar, y por supuesto, tu manera de actuar. Es el típico refrán para clasificar a un adolescente, una persona (en teoría) más influenciable, y dependiendo de los ambientes donde se mueva, la tribu urbana a la que pertenezca, los gustos de sus amigos, se comportará de una manera u otra.

"Soy lo que veo". Así como las compañías tienen una influencia directa en tu manera de ser, lo que veas también te moldea como persona. Dependiendo de lo que veas será lo que sepas. Es tan importante lo que se ve como lo que no se ve. En esta era de exceso de información tenemos miles de estímulos diarios. Si vemos cosas que nos llevan a la superficialidad, al consumismo, a la depresión, a ser esclavo de las modas, a la adicción a los estímulos exteriores... así seremos nosotros. En la televisión se lleva a cabo el mayor lavado de cerebro, por algo la llaman "la caja tonta", mientras estás sentado delante del televisor no tienes que pensar, desconectas de tus problemas y por un tiempo vives la vida de otros, ya sea viendo el telediario, un programa de entretenimiento, una serie, una película o un partido de fútbol. Te tragas las envidias, discusiones, asesinatos, infidelidades, maltratos, injusticias, robos, sexo desenfrenado, los éxitos, los fracasos, el amor... de otros. Mientras estás sentado cómodamente en el sofá, con un refresco y unas patatas fritas. No estás viviendo tu vida, no estás viviendo la vida. Te estás anestesiando la mente, y la comodidad y la rutina ganan la partida a la aventura y las experiencias. ¿Para qué viajar si lo puedo ver desde casa?, ¿para qué salir a pasar frío con el día que hace? Si me quedo en casa no gasto y, además, con el montón de peligros que hay ahí fuera... ¿no es mejor quedarme en un lugar seguro, calentito y conocido viendo como a otros les parten el corazón, viven aventuras o les ocurren desgracias?

«Encuentro la televisión muy educativa. Cada vez que alguien la enciende, voy a otra habitación y leo un libro» Groucho Marx.

Hay quien prefiere leer (menos mal) y pasa horas deslizando páginas entre sus dedos. Todo está en los libros. Y como decía Mark Twain: «La persona que no lee no tiene ninguna ventaja sobre la que no sabe leer». También podríamos decir que "eres lo que lees" y al igual que hay programas mejores que otros, hay libros mejores que otros. Algunos son inspiradores, te muestran lugares lejanos, culturas diferentes, te metes en la mente de los grandes pensadores, disfrutas con la intriga de una buena historia... pero también los hay de mala calidad y mensajes vacíos. Pero leer un libro tiene algo que mirar una pantalla no te exige, tienes que pensar, imaginar, suponer, requiere un esfuerzo mental que te hace crecer. Aunque también tenemos el peligro de excedernos y no vivir nuestra propia vida para vivir la de otros a través de los libros.

A mitad del año 2016 ya llevaba casi 50 libros leídos, desde hace unos años los cuento y apunto su título para llevar un control, también los subrayo y tomo notas de frases y enseñanzas que me inspiran. Como llevaba ya tantos libros leídos me puse de meta leer 100 libros ese año, ¿cuánto más lea más sabré, no? Pero esa exigencia lejos de ser beneficiosa se convirtió en lo contrario. Buscaba libros cortos, si me leía un libro de mil páginas no lo lograría. Dedicaba mucho tiempo a leer y se lo quitaba a estar con mi familia y amigos, a estar en la naturaleza, a escribir, a vivir mi propia vida. Cervantes decía: «El que lee mucho y anda mucho, ve mucho y sabe mucho». Así que huye de los extremos y lee mucho, pero sobre todo, vive mucho.

ENGANCHADOS A LA RED

Estando en Japón me pasó algo de película de miedo. Entré a un vagón de tren en una estación de Tokio, era plena hora punta y me tocó quedarme de pie, no cabía un alfiler, aun así, nadie se tocaba. Cuando llevábamos unos minutos en marcha hubo algo que me sacó de mis pensamientos, el silencio, un silencio que cortaba, rotundo e inexplicable en un habitáculo cerrado con doscientas personas dentro. Comencé a mirar a mi alrededor y todas, absolutamente todas las personas fueran niños, ancianos, mujeres o hombres estaban mirando el móvil. Eso sí, en silencio, pues el país del sol naciente es el país del respeto. Me dio pena y miedo ser testigo de adónde nos dirigimos, estamos destinados a ver el mundo desde una pantalla, a perder el contacto humano, ¿el día que lo perdamos dejaremos de llamarnos humanos?, ¿pasaremos a ser otra cosa? A lo mejor seremos movilianos y Facebook, Twiter y Google pasan a dirigir el mundo, si no lo hacen ya...

Hace no tanto tiempo las relaciones entre personas eran más cercanas y frecuentes, ahora con internet y las redes sociales se está perdiendo ese contacto humano tan saludable y necesario. Cuando eras niño te venían a buscar a casa y pasabas el día jugando en la calle. Ahora con diez años ya tienen móvil, se comunican por WhatsApp y quedan para jugar a la consola online, sin salir de su cuarto se divierten y se relacionan con sus amigos. A la hora de buscar pareja también ha cambiado, antes te acercabas a esa chica que te gustaba en la discoteca y le pedías salir y te ibas conociendo poco a poco, ahora miran su perfil en las redes sociales y en unos minutos han visto cien fotos, saben lo que les gusta y lo que hacen (o muestran que hacen). Antes de quedar se han enviado decenas de mensajes y sin haber un contacto físico, ni siquiera una mirada real, quedan para irse directamente a la cama.

Las nuevas tecnologías han cambiado nuestra manera de relacionarnos, han supuesto un gran avance pues tenemos acceso a la información de manera instantánea y de forma muy económica o incluso gratuita. En 2018 casi todo el mundo tiene un smartphone. Diversos informes señalan que somos el país europeo donde más se utilizan los smartphones (ocho de cada diez ciudadanos tienen uno y lo usan a diario). A un clic y desde cualquier lugar puedes realizar una búsqueda en internet, usar el GPS, hacer una operación bancaria, jugar a tu juego online preferido, mandar un WhatsApp, ver un vídeo de YouTube o subir una foto a tus redes sociales. Las utilidades son infinitas y cada día nacen nuevas aplicaciones que nos hacen la vida más fácil. Pero toda esa tecnología tan sencilla de usar y con tantas aplicaciones, luces llamativas, conectividad y generadora de estímulos tiene su lado oscuro. Internet daña nuestra capacidad de concentrarnos, algo que afecta a la memoria y el procesamiento de la información. Dependemos tanto de la tecnología que ya no sabemos vivir sin ella, y en mi opinión, el tenerlo todo tan fácil nos vuelve más tontos. Lejos ha quedado buscar una calle con un mapa y preguntando a los peatones, el GPS te lleva al lugar sin que tengas que pensar lo más mínimo; ya no se liga cara a cara, se hace a través de Tinder después de mirar las fotos de cientos de candidatas o candidatos como si fuera un catálogo de teletienda; cada vez se leen menos libros, después de mirar blogs, redes sociales y leer mensajes ya no quedan ganas para una novela; se están perdiendo las conversaciones en las reuniones sociales, es muy común ver a un grupo de amigos cada uno mirando su móvil totalmente absorto en teclear la pantalla a una velocidad de vértigo.

Estas son las estadísticas en España:
Miramos el móvil más de 100 veces al día.
Hay 27.000.000 de usuarios activos en redes sociales.
Pasamos conectados más de noventa minutos al día.
El 22% de los estudiantes está online más de seis horas diarias.

Los menores de 35 años dedican a las APPS 93,5 horas al mes.

Algunos antiguos empleados de Google y Facebook (incluido Justin Rosenstein, el creador del icono *me gusta*) preocupados por los daños que puede acarrear el abuso de los móviles y las redes sociales, han creado el Centro para la Tecnología Humana, una iniciativa que pretende llamar la atención sobre este fenómeno. Afirman que la tecnología ha secuestrado nuestra sociedad, y que en la carrera para obtener beneficios económicos explotando nuestra atención, servicios como Facebook, Twitter, Instagram y Google desarrollan sin cesar métodos para mantenernos siempre enganchados. Para estos renegados, tales prácticas erosionan la forma en la que nos relacionamos, la salud mental y la democracia, y minan a los niños, víctimas más vulnerables de esta pelea de las diferentes redes sociales por atraernos (Muy Interesante).

La pelea que se está librando por atraer nuestra atención es atroz y a cualquier precio. En este mundo global crear una aplicación con miles de millones de usuarios garantiza ganancias multimillonarias. Que esa aplicación sea ética o no, queda en un segundo plano. Y si hasta algunos de los creadores (testigos de las verdaderas intenciones de las compañías) alzan la voz y nos avisan, es que algo gordo está pasando. Es muy reciente la aparición de los smartphones pero ya se están detectando las consecuencias de un uso excesivo, pero, ¿cuándo podemos decir que es un uso excesivo? ¿Dónde están los límites entre lo inocuo y lo perjudicial? ¿Mirar el móvil 100 veces al día es mucho o es lo normal?

Las investigaciones apuntan que pasarse la vida colgado de internet puede producir cambios tanto en la estructura como en las funciones de algunas regiones del encéfalo relacionadas con el procesamiento emocional, la atención, la toma de decisiones o el control cognitivo.

Pasar demasiado tiempo frente a una o varias pantallas se ha vinculado con ciertas alteraciones en el lóbulo frontal, una región que soporta numerosas transformaciones desde la pubertad hasta mediada la veintena, pero los efectos en las neuronas de una niñez y una adolescencia demasiado digitales no están claros.

En cualquier caso, se acumulan las pruebas de que algo cambia en el cerebro y la conducta a causa de la sobre dosis digital.

Otra de las consecuencias de abusar de internet es que en el encéfalo del usuario se produce una sobreproducción de dopamina, neurotransmisor que funciona como una especie de mensajero de la felicidad. Vinculado al sistema de recompensa del cerebro, juega un papel clave en el placer que nos causan ciertas actividades, que acaban convirtiéndose en adictivas en un círculo del que resulta difícil salir.

En las últimas décadas, varios trabajos dirigidos por neurocientíficos, psicólogos y psiquiatras han constatado que este mecanismo que explica la adicción a las drogas es idéntico al que funciona en los sujetos enganchados a los videojuegos. Para obtener placer, estas personas necesitan producir cada vez más dopamina. Este fenómeno también sucede cuando subimos una entrada o una foto a una red social y recibimos comentarios positivos o un *me gusta*. Los *likes* así obtenidos funcionan como un refuerzo positivo que nos incita a publicar más y más en busca de nuestra dosis de dopamina.

Los cambios cerebrales no parecen terminar ahí. Varios estudios han hallado indicios de disfunciones específicas de los individuos adictos a las nuevas tecnologías, que afectarían a la planificación, la organización, el control de los impulsos y la empatía. Estos daños incrementarían tanto la posibilidad de desenvolverse torpemente en las relaciones personales como la de comportarse de forma violenta (Muy Interesante).

EXCESO DE INFORMACIÓN

En esta época que nos ha tocado vivir tenemos exceso de información, y tan malo es la carencia como el exceso. Cuando no había acceso a la información, los que ostentaban el poder eran los únicos que tenían los medios y los recursos para estar enterados y jugaban con la ignorancia de la gente, poniendo difícil el acceso a la educación y el conocimiento. Ahora que casi todo el mundo sabe leer, con la era de internet, lo que hacen es bombardearnos con mucha información, con infinidad de opciones para ocupar nuestro ocio en actividades que nos entretengan y anulen nuestra ansia de conocimiento y nuble nuestra manera de pensar. Cuando juegan el Madrid y el Barcelona, la gente está ocupada y no se queja, el malo es el árbitro o el jugador del equipo rival, nadie se acuerda de los políticos y sus desfalcos.

Otra táctica que usan es el normalizar una injusticia. Si nadie robara, si todos los políticos fueran honestos, si las corporaciones (aparte de para ganar dinero) trabajaran por un bien común, cuando saliera un caso de corrupción sería algo insólito, todos los focos y las miradas se posarían en ese caso y la justicia no tendría otro remedio que actuar con dureza porque sería un caso aislado, un atentado hacia una sociedad ecuánime donde todo el mundo rema en la misma dirección y habría que infringirle un castigo ejemplar. Pero, cuando cada día sale un nuevo caso de corrupción, cuando los que gobiernan se financian con dinero negro, cuando tienen sueldos y privilegios desproporcionados, cuando lo raro es que los que dirigen el Estado sean honrados, cuando es frecuente que salgan impunes y que no devuelvan el dinero robado, esas acciones pierden importancia, es un caso más, es lo normal, se disuelven entre la niebla de lo cotidiano. Y cada cuatro años se sigue votando a los mismos, la monarquía se hace eterna y una mayoría pone el esfuerzo y la mano de obra, mientras unos pocos se lucran y se ríen de todos nosotros desde su sillón.

Y ahora te preguntarás, ¿qué puedo hacer?

1 – Lo primero y más importante es ser consciente, darte cuenta de cómo nos manejan, cómo manipulan la información, cómo nos intentan imponer necesidades absurdas, cómo crean modas para que consumas, cómo distorsionan la realidad para tenernos controlados, para tenernos entretenidos, que no tengamos tiempo de pensar, que seamos uno más entre la multitud.

2 – Elije lo que quieres ver, no te tragues la basura que nos lanzan. Nos bombardean con anuncios y noticias manipuladas por todas partes, pero lo que parece una auténtica fábrica moldeadora de mentes es la televisión.

3 – Cuestiónalo todo (a mí también, por supuesto), no te creas nada de lo que dicen los medios, ten tu propio criterio y sé consciente de que "casi todo" lo que sale en los medios tiene una razón de ser y "casi siempre" beneficia a los mismos.

4 – Menos es más. Ver dos informativos y leer tres periódicos al día, en vez de aclarar des-aclara. Puedes decir que quieres estar informado, pero de lo importante te vas a enterar, te lo van a contar o lo veras por otros medios. A no ser que forme parte de tu trabajo, ¿de qué te sirve estar al tanto de cuantas muertes y desgracias han ocurrido hoy en el planeta?

Cuando viajo por meses sin enterarme de las noticias, gozo de una claridad de ideas y una conexión conmigo mismo imposible de tener aquí. Todo este ruido, todas estas noticias, estas injusticias, estos comentarios con los conocidos, te desconectan y te hacen partícipe de la locura y la enfermedad del planeta. Para documentar este libro he tenido que investigar y ponerme al día de las noticias del mundo. Durante ese período he notado cómo esas noticias malas e injustas se convertían en mal estar en mi cuerpo y mi mente, cómo tardaba más en dormirme, cómo me costaba dejar de ver las noticias de nuevo; y cómo al dejar de verlas, regresaba a mi estado anterior de mayor paz y mejor energía.

¿Y si un día solo se contaran noticias buenas?, ¿y si solo se hablara de cosas constructivas y sin intenciones encubiertas?

Que me avisen para ese día comenzar a ver las noticias.

«Los hombres de éxito tienen grandes bibliotecas; el resto, grandes televisores» Jim Rohn.

EDUCACIÓN

«La educación es el arma más poderosa que puedes usar para cambiar el mundo» Nelson Mandela.

Los grandes maestros de la historia enseñaron a sus discípulos sin hacer distinciones:

En la "Apología", Sócrates dice: «Nunca me he puesto en la posición de ser el profesor de nadie; pero si cualquiera, joven o viejo, está ansioso por oírme conversar y llevar a cabo mi misión privada, nunca le niego la oportunidad; y tampoco le cobro por hablar con él, ni me niego a hablar sin recibir un pago; estoy dispuesto a responder a las preguntas tanto de los pobres como de los ricos, y estoy igualmente dispuesto a conversar si alguien prefiere escucharme y responder a mis preguntas».

Confucio nunca rechazó a nadie, tal como se relata en "Analectos": «Desde los pobres hacia arriba —empezando por hombres tan pobres que lo único que podían ofrecer como regalo era un trozo de carne seca—, nunca he negado la instrucción a nadie».

Buda nunca rechazó a un estudiante, por muy perversos que fueran los actos que hubiera cometido, cuando era sincero en su deseo de cambiar de comportamiento y de manera de pensar. Aceptó como discípulos a varios que quisieron matarle o que se acercaron a él con intención de contradecirle. Nunca negó compartir sus enseñanzas con nadie.

Jesús fue criticado e incomprendido al aceptar a todo el mundo cuando predicaba, desde prostitutas, fariseos, niños o enfermos.

Pero si vamos a hablar de educación tenemos que empezar hablando de Platón, el filósofo griego discípulo de Sócrates que fundó la Academia. En Atenas se instruía a los jóvenes en base a los clásicos, la teología y las leyes vigentes. Esa educación que impartían los sofistas solo era accesible para unos pocos adinerados, el conocimiento quedaba reservado para la élite de la ciudad. Platón fundó su Academia inspirado por su maestro que recorría las calles de Atenas compartiendo su sabiduría sin hacer distinciones entre hombres, mujeres, ricos, pobres o esclavos. En su escuela todos tenían cabida con la condición de que quisieran educarse y disciplinarse. Destinada a investigar y profundizar en el conocimiento, se impartieron enseñanzas de filosofía, matemáticas, medicina, retórica y astronomía durante más de novecientos años. El objetivo de la Academia era formar seres humanos capaces de elevarse sobre sus propias personalidades y que pudieran servir así, desde sus profesiones, a la humanidad.

Hasta que llegó la Iglesia y la clausuró, porque lo que allí se enseñaba ponía en entredicho la verdad absoluta que ellos decían poseer. Puede que ese fuera el comienzo de usar la educación para algo más que elevar el entendimiento y la sabiduría de los alumnos. Se empezó a usar esa potente herramienta para adoctrinar a los jóvenes desde niños en las creencias y los ritos que predicaban las religiones, en imponer las normas y hábitos que favorecían al Estado. Se regresó a las prácticas elitistas y en la Edad Media solo recibían educación los nobles y clérigos, dejando al resto de la población sumida en una profunda ignorancia. Un pueblo analfabeto era mucho más fácil de manejar, sin posibilidad de cuestionar las verdades que los ilustrados decían poseer.

Con el Renacimiento hubo un nuevo resurgir de las ciencias, el arte, la filosofía y la poesía. Pero reservado a una minoría de privilegiados.

Y no fue hasta la edad moderna cuando la educación se hizo accesible a todo el pueblo y en muchos países se convirtió en obligatoria.

Con la era industrial se usó la educación para preparar a los jóvenes a las necesidades de la creciente industria. Se siguieron los patrones de la jerarquía, la producción, la planificación, el control y la estandarización. Se formaba a los estudiantes en la obediencia, la memorización y desde muy pequeños, a los niños, se les acostumbraba a los horarios y las rutinas que luego llevarían a cabo en las fábricas y oficinas. Se dejó en un segundo plano la creatividad y la diferenciación. Se les inculcó la competitividad y la recompensa de la productividad.

Claudio Naranjo, psiquiatra y escritor chileno, dice que: «la misión inconfesada de la educación es mantener a la gente igual. Que no cambie. La educación es el socio invisible de lo que Eisenhower llamaba "el complejo militar-industrial". La educación es para tener trabajadores, no es para tener desarrollo humano. El problema es que sin desarrollo humano, no hay evolución social. La sociedad está muy mal y tendría que evolucionar para que se resuelva la crisis social multifacética. La consciencia es nuestra esperanza. La educación es un sistema creado por el sistema económico para crear una fuerza de trabajo apropiada y para que la gente obedeciera a mandatos y para que no pensara mucho por sí misma. Se impone conformidad, y Bouedieu, sociólogo francés, ha acuñado el término "sistema reproductivo", que la educación es para reproducir una forma de ser que es la manera de ser que tenemos. Pareciera que somos buenas personas que tenemos un mundo loco, no se sabe por qué, pero la verdad es que el problema del mundo somos nosotros. Nosotros creamos el mundo loco. No reconocemos nuestra locura, así como los locos en general no reconocen su locura. Y también es porque el tipo de locura que padecemos es un tipo tan igualito que se acuña una y otra vez en cada ser humano que no se reconoce uno como diferente, uno es normal. La normalidad, hasta estadística, nos hace no darnos cuenta de que somos no sanos. Hay que ser normal porque hay un imperativo de conformidad. Hay que ser como todos somos. Y es "como todos somos" yo lo llamo "la mente patriarcal". Una mente voraz. Queremos más, queremos crecer, queremos dominar. Una mente hegemónica que quiere competir y llegar al tope antes que otros.

Una mente represiva, una mente que no le da espacio al niño interior, no es sensible. La gente no sabe lo que le está pasando. Las mujeres saben un poquito más lo que les pasa que los hombres, pero no se les permite hablar demasiado».

Tolstói dijo: «La hipnotización del pueblo está organizada de un modo verdaderamente complejo: empieza en la niñez y se prolonga hasta la muerte. Empieza en la más tierna infancia en las escuelas obligatorias, especialmente creadas para este fin, donde se inculca a los niños una visión del mundo propia de sus antepasados y que está en total contradicción con la conciencia actual de la humanidad. En los países donde existe una religión estatal se enseña a los niños los catecismos de las Iglesias, en los que se incide en el deber de someterse a las autoridades; en los Estados republicanos se les enseña esa salvaje superstición llamada patriotismo y, también, ese supuesto deber de someterse a los gobiernos. En una edad más adulta se continúa con esta hipnotización estimulando las supersticiones religiosas y patrióticas».

Es una paradoja que muchos expertos, sociólogos, filósofos, e incluso, maestros aseguren que la educación actual esté diseñada para no pensar, para preparar a futuros trabajadores y consumidores en potencia. Pero, desde el principio de la historia, ¿quiénes han cambiado el mundo?, ¿los obedientes y bien educados? ¡No! Han sido los rebeldes, los aventureros, los inadaptados, los diferentes, los creadores, artistas, inventores. Gente dispuesta a cuestionar lo que se les enseña e ir un paso más allá. Personas que después de la educación siguen investigando, creciendo, ilusionando con nuevos proyectos que hacen posible lo imposible, que empuja a la humanidad a dar un paso más, que buscan la Verdad sin importarles las consecuencias, que se enfrentan al sistema, o simplemente, lo ignoran para buscar su diferencia. Pues la educación tendría que estar basada en buscar y fomentar la diferencia de cada niño, no en hacerlos todos iguales. Pues como decía Platón: «Cada uno se consagra con placer a las cosas para las cuales muestra más talento, a las que dedica la mayor parte del día en su afán de superarse a sí mismo».

«Si piensas en términos de un año, planta una semilla; en términos de diez años, planta árboles; en términos de cien años, enseña a la gente» Confucio.

BICHO RARO

El doctor Erich Fromm no lo puede exponer mejor: «Huyamos de definir la higiene mental como la prevención de los síntomas. Los síntomas no son como tales nuestro enemigo, sino nuestro amigo; donde hay síntomas hay conflicto y el conflicto siempre indica que las fuerzas vitales que luchan por la integración y la felicidad siguen combatiendo todavía.

Muchos de ellos son normales porque se han ajustado muy bien a nuestro modo de existencia, porque su voz humana ha sido acallada a una edad tan temprana de sus vidas que ya ni siquiera luchan, padecen o tienen síntomas. Son normales, no en lo que podría llamarse el sentido absoluto de la palabra, sino únicamente en relación con una sociedad profundamente anormal. Su perfecta adaptación a esa sociedad anormal es una medida de la enfermedad mental que padecen. Estos millones de personas anormalmente anormales, que viven sin quejarse en una sociedad a la que, si fueran seres humanos cabales, no deberían estar adaptados, todavía acarician "la ilusión de la individualidad", pero de hecho han quedado en gran medida desindividualizadas. Su conformidad está derivando en algo que se parece a la uniformidad. Pero uniformidad y libertad son incompatibles. Uniformidad y salud mental son incompatibles también... el hombre no está hecho para ser un autómata y, si se convierte en tal, la base de la salud mental queda destruida».

Según Rousseau: «El resultado de la distorsión de la naturaleza humana es despojar al hombre de la individualidad, dejándole sin verdadera existencia propia y reduciéndole a la condición de simple marioneta. Su personalidad queda sacrificada a rígida uniformidad de las convenciones sociales; todo el mundo tiene que pensar y actuar como los demás y nunca puede ser verdaderamente él mismo. El hombre, al no ser nunca él mismo, se convierte en un extraño a sí mismo y se siente desazonado cuando se ve forzado a retraerse en sí mismo. A diferencia del hombre primitivo autosuficiente, que vive en sí mismo, el hombre moderno vive fuera de sí, y basa su vida en la "opinión" más que en la "naturaleza", es decir, en lo que otros esperan que sea más que en lo que él es verdaderamente».

En el templo de Apolo en Delfos estaba inscrita la frase: "conócete a ti mismo". La mayor aspiración de un ser humano debe ser conocerse a sí mismo y ser él mismo. Pero en una sociedad cada vez más estandarizada, esa aspiración de la antigua Grecia se convierte en una empresa difícil pero no imposible.

Cuando vean que has cambiado, cuando cuestiones lo que te dicen, cuando no te creas nada, cuando seas diferente... te llamarán raro, loco, inadaptado, especial, hippie, dirán que no eres normal. Pero en una sociedad enferma, que te llamen loco es un alago. A veces, confundimos lo que es "normal" con lo que es "habitual". Lo normal sería que las personas fueran honradas y, todavía más, los que se supone que hemos elegido nosotros y nos representan, pero lo habitual es que se aprovechen de su condición y expriman al máximo esos años en su puesto para beneficiarse él y los suyos. Lo normal sería que todo el mundo tuviera las mismas oportunidades y no se discriminara a nadie por su sexo, religión o raza, pero lo habitual es que los hombres tengan los puestos de poder y cobren más que las mujeres en su mismo cargo, y que los pertenecientes a religiones y razas diferentes al país donde viven sean excluidos y marginados.

¿Quieres ser una persona normal? Para eso tendrás que ser uno más, pero yo te invito a que seas Uno. A que seas único, a que encuentres lo que te hace diferente, a que lo explotes y lo compartas. El día que en la educación se busque la diferencia en vez de intentar hacernos iguales, ese día la humanidad crecerá a otra dimensión. De la era industrial, donde todo se hace en cadena (también a los hombres) a la era de la diferencia, del crecimiento, de la superación; donde se premiará más lo nuevo que lo aprendido, donde cada persona llegará a ser lo que está llamado a ser.

Tú puedes empezar. Sé el bicho raro, sé tú mismo, haz cosas diferentes, ¡inventa algo! Porque cuando inventas algo ¡funciona!

Pude financiar el proyecto "Escribiendo el mundo" porque inventé la venta de libros en la playa. Nadie lo había hecho antes y, solo por eso, la gente se asombraba al ver a un autor vendiendo sus libros en la arena de la playa y premiaban esa originalidad. Ya no eres uno más, eres un autor especial, raro, anormal, atípico, loco. Hay millones de libros, hay autores súper reconocidos y con unas obras de una excepcional calidad, ¿cómo puedo entrar en este mercado competitivo y regido por el marketing y el dinero? Haciendo algo diferente, aportando algo nuevo y de calidad. Si eres uno más entre las millones de personas que hacen lo mismo que tú, nunca destacarás, nunca se te reconocerá; y todo tu talento y trabajo, se perderá entre el exceso de información y estímulos que nos invaden.

Lo diferente no deja indiferente.

INDEPENDENTISTA SIN NACIÓN

Voy a hablar de lo que en España se conoce como el problema catalán. Se que es un tema delicado y según desde el punto de vista que se mire puede herir a unos o a otros, pero este es un libro donde se reivindican las injusticias y espero que también se considere un libro valiente, así que voy a exponer mi punto de vista, mi verdad, tan válida, y a la vez, tan poco importante como cualquier otra. Como aragonés puedo verlo desde una posición bastante imparcial y desapasionada. Al principio me aburría el problema catalán, y Puigdemont y los demás dirigentes no me causaban la menor simpatía. Pero con los encarcelamientos del gobierno catalán, muchos españoles nos hemos dado cuenta de las intenciones del gobierno y su nefasta actuación. Ellos alegan cumplir las leyes y se habla mucho del estado de derecho, pero los dirigentes catalanes se han convertido en presos políticos tratados como delincuentes. Si se supone que en España hay libertad, que somos un país democrático y que hay un estado de derecho ¿dónde queda el derecho a elegir? Cuando hay libertad eres libre de rebelarte, si no, ¿dónde está la libertad? ¿En hacer lo que te imponen? Un número elevado de catalanes piden votar para poder decidir si se separan de España. Han metido en prisión a los dirigentes, pero no nos podemos olvidar, que representan a millones de personas. Parece que los dirigentes de este país tienen mala memoria y han olvidado la historia de uno de los personajes más emblemáticos del siglo XX, Nelson Mandela. Este activista del CNA (partido liberalista sudafricano) fue encarcelado (como Puigdemont) por rebelarse contra el gobierno de su país: el aperheid, el gobierno blanco que mantenía oprimido al pueblo de color en ese país. Mandela estuvo veintisiete años en la cárcel, donde estudió la mejor manera de liberar a su pueblo. Comenzó desde abajo ganándose a los carceleros que denigraban a los presos políticos como él. Se dio cuenta que si quería obtener su confianza tenía que empezar ganándose su respeto, y que la única manera, era apartar el odio y resentimiento acumulado después de años de sufrimiento, y respetarlos primero. Se aprendió sus nombres, aprendió "afrikaner" (su lengua), leyó su historia, se interesó por su deporte favorito: el rugby y empezó a tratarlos con amabilidad. Así consiguió muchas mejoras para los presos. Luego se ganó al director de la prisión, consiguió poder hablar con políticos del gobierno opresor y salir de la cárcel para formar un nuevo gobierno pactando con el anterior. Cuando Mandela llegó al poder muchos blancos temían que hubiera venganza y los negros vejados y oprimidos durante tanto tiempo se tomaran represalias, pero el nuevo presidente dio una lección de humanidad y veló porque la transición fuera de forma pacífica y que las dos partes salieran beneficiadas.

¿Cómo quiere el gobierno ganarse a los catalanes metiendo a sus dirigentes en prisión? Han perdido el respeto a los catalanes. Los encarcelados no son cuatro locos que quieren la independencia, son los portavoces de mucha gente. El gobierno se vanagloria por haberlos arrestado, pero no se dan cuenta que antes tenían adversarios políticos y ahora tienen mártires. ¿No se dan cuenta que así están generando más separación? ¿No han pensado que cuando le impones algo a alguien todavía lo va a querer menos? Los políticos metidos en prisión no han robado (por lo menos que se sepa) ni matado a nadie, solo hicieron unas votaciones ilegales, que en realidad no tenían ninguna validez real, solamente para reivindicar su derecho a elegir. El caso Nóos salió en 2010 y Urdangarín tardó ocho años en entrar en prisión, en cambio, los políticos catalanes están encarcelados o se han tenido que exiliar sin haber tenido un juicio.

A la vista de que es imposible que haya un acuerdo político, tendría que haber una comisión imparcial donde se reunieran representantes de Cataluña, España y Europa y pactasen las consecuencias que llevaría ser independientes. Y de ahí, que el pueblo vea las ventajas e inconvenientes de la separación. Pues lo que para unos puede ser ventajas, para otros puede ser inconvenientes. Y conociendo la verdad, que el pueblo elija. Pero que elija Cataluña. Se dice que debería elegir toda España, pero eso no sería justo pues están en tremenda desventaja y los realmente afectados y que desean la separación son ellos. Es como si cuando se separó Gran Bretaña de la Comunidad Europea, lo hubiéramos votado todos los europeos.

No puede haber libertad cuando tu futuro es impuesto por el Estado. Para arreglar esto hace falta menos política y más retórica, menos economía y más humanidad.

Veo difícil que los gobernantes actuales lo arreglen, pero espero que los que vengan (pues lo bueno de los gobiernos ineptos es que antes o después se van) aprendan de la historia y se fijen en Mandela, en cómo unió una nación evitando la guerra civil, cómo usó el ganar-ganar, pues la única manera de llegar a un acuerdo justo es que todas las partes salgan beneficiadas.

Soy español porque nací en Zaragoza, no por el gobierno, el Rey o la Iglesia. España es la Mezquita de Córdoba, la Basílica del Pilar, la Alhambra de Granada y la Sagrada Familia. Son las playas del Cabo de Gata, la Serranía de Cuenca y los Pirineos. Es echar la siesta, comer jamón, beber buen vino y tomar una tapita en una terraza. Es la gente con su alegría, sus bromas, cotilleos y quejas. Esto es España. Pero como el gobierno, ni la monarquía, ni la Iglesia me representan, me declaro independentista, no catalán, ni siquiera aragonés o español. Soy independentista sin nación.

Yual Noah Harari dice que: «a medida que el siglo XXI va avanzando, el nacionalismo pierde terreno rápidamente. Cada vez más gente cree que toda la humanidad es el origen legítimo de la autoridad política, y no los miembros de una nacionalidad concreta, y que salvaguardar los derechos humanos y proteger los intereses de toda la especie humana debiera ser el faro que guíe la política. Si es así, tener cerca de 200 estados independientes es un estorbo en lugar de una ayuda. Puesto que suecos, indonesios y nigerianos merecen los mismos derechos humanos, ¿no sería más sencillo que un único gobierno global los protegiera?»

Las Naciones generan conflictos y separación, cada Estado vela por sus intereses como país, y lo que es peor... cada gobernante de cada nación vela por sus intereses propios. En un mundo cada vez más global, tolerante y culto, donde la mezcla racial y cultural es cada día mayor, donde viajar a cualquier lugar del mundo nunca ha sido tan fácil. ¿No sería mejor para el bien de todos tomar las decisiones políticas y humanitarias desde el punto de vista de la Humanidad y no desde ser español, alemán o chino? Si queremos dejar atrás la época de las conquistas, las guerras, el odio y el racismo hay que buscar una manera de vernos a nosotros mismos como los habitantes del planeta Tierra antes que los ciudadanos de cualquier nación.

DESOBEDIENCIA CIVIL

Declaración de la Independencia de Jefferson:

«Entendemos que son verdades evidentes el que todos los hombres han sido creados iguales, que han sido dotados por su Creador con ciertos derechos inalienables, entre los que se encuentran la vida, la libertad y la búsqueda de la felicidad. Y que, para asegurar estos derechos, se han instituido entre los hombres los gobiernos, cuyo poder depende del consentimiento de los gobernados; que cuando quiera que una forma de gobierno se haga destructora de estos principios, el pueblo tiene derecho a alterarla, o abolirla, e instituir un nuevo gobierno que se funde en dichos principios...»

«Hemos de alegrarnos de morir cuando nos es imposible vivir como hombres libres. La desobediencia civil completa es una rebelión, pero sin ninguna violencia. El que se compromete hasta el fondo en la resistencia civil no se contenta simplemente con prescindir de la autoridad del Estado, se convierte en un fuera de la ley, que se arroja el derecho de pasar por encima de toda ley del Estado contraria a la moral. De esta forma, por ejemplo, puede llegar hasta negarse a pagar los impuestos o admitir la injerencia de las autoridades en sus asuntos cotidianos» Gandhi.

«El mejor gobierno es el que gobierna menos» Thoreau.

Si tenemos que hablar de la desobediencia civil hay que hacerlo de la mano de Henry David Thoreau. Este pensador americano llevó a la práctica sus teorías sobre la rebelión al Estado cuando no se está de acuerdo con sus prácticas. En este capítulo nos servirán de referencia sus libros "Walden", "Desobediencia civil" y "Cartas a un buscador de sí mismo". Los escritos de Thoreau fueron fuente de inspiración para Gandhi y Martin Luther King en su lucha contra las injusticias del Estado con la no violencia como forma de presión social.

Carta de Harrison G. O. Blake a Thoreau: «Lo venero porque se abstiene de la acción, y abre su alma con el objetivo de poder ser. En mitad de un mundo de actores bulliciosos y superficiales, es noble hacerse a un lado y decir: "Simplemente quiero ser". Si pudiera plantarme enseguida sobre la verdad, reduciendo al mínimo mis necesidades, me vería inmediatamente más cerca de la naturaleza, más cerca de mis compañeros... y la vida sería infinitamente más rica. Pero ¡heme aquí!, temblando en la orilla...»

«Una sociedad formada por hombres con conciencia es una sociedad con conciencia. La ley nunca hizo a los hombres más justos. (…) Entonces, ¿para qué tiene cada hombre su conciencia? Yo creo que debiéramos ser hombres primero y ciudadanos después. Lo deseable no es cultivar el respeto por la ley, sino por la justicia. La única obligación que tengo derecho a asumir es la de hacer en cada momento lo que crea justo» Thoreau.

Dice Tolstói que: «las exigencias del Estado parecían extrañas e incluso dementes: que los ciudadanos tuvieran que someterse a un poder establecido, pagar tributos, ir a una guerra para defender la patria, etc. Ahora nos parecen que tales exigencias son de lo más simple, comprensible, natural, y que no tienen nada de místico ni extraño, pero hace cinco o seis mil años estas exigencias parecían imposibles. (…) Sabemos que las leyes de nuestro Estado no constituyen una única ley eterna, sino que es una de tantas que existen en los distintos Estados, igual de imperfectas, a menudo manifiestamente equivocadas e injustas, y que son cuestionadas de arriba a abajo en nuestros periódicos. Bien podía el judío someterse a sus leyes, pues no dudaba que de que era el mismo Dios quien las había escrito con el dedo; o el romano, que pensaba que habían sido escritas por la ninfa Egeria; o incluso cuando se creía que los zares, al emitir las leyes estaban inspirados por Dios. Pero ya sabemos cómo se hacen las leyes, todos hemos estado entre bastidores y sabemos que son producto de la codicia, el engaño y la lucha entre partidos, por lo que no contienen ni pueden contener una justicia real. Por todo esto, hoy en día las personas no pueden creer que acatar unas leyes civiles o estatales sea algo que responda a las exigencias del intelecto de la naturaleza humana. Las personas hace tiempo que saben que no es razonable obedecer unas leyes cuya legitimidad es dudosa, y no pueden dejar de sufrir al tener que someterse a unas leyes de las que no reconocen ni su sensatez ni su carácter vinculante. Cómo va a dejar de sufrir un hombre cuya vida está enteramente determinada por unas leyes que debe obedecer bajo amenazas de castigo, y de las que no solo no cree que sean juiciosas y justas, sino que ve claramente que sos injustas, crueles y antinaturales. Consideramos innecesaria la existencia de aduanas y aranceles, pero debemos pagarlos; consideramos inútiles los gastos para mantener a la corte y a muchos de los cargos de la administración; consideramos perniciosa la prédica de la Iglesia, pero debemos participar en el mantenimiento de tal institución; reconocemos la crueldad y deshonestidad de los castigos impuestos por los tribunales, pero debemos participar en ellos; no reconocemos la necesidad de un ejército ni de guerras, pero debemos sufrir la terrible carga de mantener a tales ejércitos y de gestionar las guerras».

Como sabemos y hemos tenido ocasión de comprobar en este libro, existen injusticias, muchas de ellas causadas (o permitidas) por el Estado. Estamos "obligados" a obedecer las leyes que dictamina el Estado, sean justas o no, esa práctica priva a la persona de la capacidad y el derecho de elegir lo que es justo, de actuar con conciencia y con justicia, teniendo que acatar órdenes a sabiendas de que está actuando contra sus intereses y el de sus conciudadanos, y lo peor de todo, es que nos parece de lo más normal.

«Cuando a un hombre se le niega el derecho a vivir la vida en la que él cree, no tiene más remedio que convertirse en un proscrito» Nelson Mandela.

Sócrates nunca aprobó una acción que él considerara incompatible con la justicia. Incluso aseguraba que era mejor recibir una injusticia que cometerla. Aunque el castigo fuera la muerte, Sócrates no estaba dispuesto a cometer actos que él consideraba injustos.

Actualmente vivimos en una sociedad muy legalista. Los Gobiernos, Estados y también los ciudadanos se amparan en la legalidad para cometer injusticias. Como es legal puede hacerse. De hecho, es tan legalista que la gente está empezando a perder de vista el sentido común, y las relaciones humanas basadas en el respeto y la confianza. Usando la ley como escudo o como excusa, nuestra insistencia en "lo que es legal" más que "en lo que es correcto" ha permitido que los individuos cometan grandes males, siempre que no vayan "contra la ley".

Demasiadas personas se benefician de las leyes y las ayudas aun sabiendo que están faltando a la moralidad, y se están aprovechando de compensaciones sin merecerlas ni necesitarlas, quitándoselas a otros que sí las necesitan.

«Un Estado no concede la libertad personal más que en la medida en que el ciudadano se somete a la ley: esa sumisión a las decisiones del Estado es el precio que tiene que pagar el ciudadano por su libertad personal. Por consiguiente, no deja de ser una estafa el intercambio entre su libertad y la sumisión a un Estado cuyas leyes son, totalmente o en su mayor parte, injustas» Gandhi.

«De este modo la masa sirve al Estado no como hombres sino básicamente como máquinas, con sus cuerpos. Ellos forman el ejército constituido y la milicia, los carceleros, la policía, los ayudantes del sheriff, etc. En la mayoría de los casos no ejercitan con libertad ni la crítica ni el sentido moral, sino que se igualan a la madera y a la tierra y a las piedras, e incluso se podrían fabricar hombres de madera que hicieran el mismo servicio. Otros, como muchos legisladores, políticos, abogados, ministros y funcionarios, sirven al Estado fundamentalmente con sus cabezas, y como casi nunca hacen distinciones morales, son capaces de servir tanto al diablo, sin pretenderlo, como a Dios. Unos pocos, como los héroes, los patriotas, los mártires, los reformadores en un sentido amplio y los hombres sirven al Estado además con sus conciencias y, por tanto, las más de las veces se enfrentan a él y, a menudo, se les trata como enemigos» Thoreau.

Desde que nacemos nos educan para que encajemos en el sistema como una pieza bien calibrada, moldeada y capacitada para los intereses del Estado. Cuanto menos piense esa pieza, mejor; cuanto más dependiente sea del Estado, mejor; cuanto menos proteste y menos libertad tenga, mejor. Los que se salen de ese molde preestablecido no encajan, se les trata como una pieza defectuosa, a la que hay que reparar, remodelar... y si no es posible hacerlo hay que destruir esa pieza, no vaya a contagiar a otros y ya no sirva el molde que tantos beneficios ha dado al Estado. Pero, ¿qué podemos hacer para revertir esto? ¿Esperar a las elecciones y votar a ese político que aunque esté en la oposición, también chupa del Estado y se beneficia de todos los privilegios de que dota el poder, y aunque no haya tenido oportunidad, es un corrupto y un tirano en potencia? ¿Y si actuamos ahora mismo?

Thoreau se preguntaba: «¿Cuál es el valor de un hombre honrado y de un patriota hoy? Dudan y se lamentan y a veces redactan escritos, pero no hacen nada serio y eficaz. Esperarán con la mejor disposición a que otros remedien el mal, para poder dejar de lamentarse. Como mucho, depositan un simple voto y hacen un leve signo de aprobación y una aclamación a la justicia al pasar por su lado. (...) Por cada hombre virtuoso, hay novecientos noventa y nueve que alardean de serlo, y es más fácil tratar con el auténtico poseedor de una cosa que con los que pretenden tenerla. (...) Incluso votar por lo justo es no hacer nada por ello. Es tan sólo expresar débilmente el deseo de que la justicia debiera prevalecer. Un hombre prudente no dejará lo justo a merced del azar, ni deseará que prevalezca frente al poder de la mayoría. Hay muy poca virtud en la acción de las masas. Hay leyes injustas: ¿nos contentaremos con obedecerlas o intentaremos corregirlas y las obedeceremos hasta conseguirlo? ¿O las transgrediremos desde ahora mismo? (...) Bajo un gobierno como este nuestro, muchos creen que deben esperar hasta convencer a la mayoría de la necesidad de alterarlo. Creen que si opusieran resistencia el remedio sería peor que la enfermedad. (...) Si la injusticia tiene un muelle o una polea o una cuerda o una manivela exclusivamente para ella, entonces tal vez debáis considerar si el remedio no será peor que la enfermedad; pero si es de tal naturaleza que os obliga a ser agentes de la injusticia, entonces os digo, quebrantad la ley. Que vuestra vida sea un freno que detenga la máquina. Lo que tengo que hacer es asegurarme de que no me presto a hacer el daño que yo mismo condeno».

Vivir una vida fomentando, permitiendo e ignorando la injusticia teniendo conciencia de ella, es vivir una vida de esclavo. Por miedo al poder o por simple interés, vivimos en un sistema que favorece al poderoso: gobernantes, reyes, religiosos, militares... y perjudica al ciudadano medio y subyuga al pobre. La única manera de frenar esto es no apoyando las leyes y políticas que condeno, actuar conforme a mi conciencia, en mi propio beneficio y en el de los demás.

Así lo explica Tolstói: «Si la mayoría de los hombres prefieren someterse a desobedecer, esto no es porque hayan ponderado de manera realista las ventajas y las desventajas que ello conlleva, sino porque están sometidos a un efecto hipnótico que les llama a obedecer. Al someterse, simplemente se resignan ante aquello que se les exige: no tienen que pensar, ni que mostrar fuerza de voluntad alguna. Para desobedecer, en cambio, se necesita pensar de forma independiente y mostrar fuerza de voluntad, y no todo el mundo es capaz de ello. Y, sin entrar en el sentido moral del hecho de someterse o desobedecer, si nos centramos únicamente en las ventajas, la desobediencia en general será siempre más ventajosa que la sumisión».

«Un hombre con más razón que sus conciudadanos ya constituye una mayoría de uno.

Lo que importa no es que el comienzo sea pequeño; lo que se hace bien una vez, queda bien hecho para siempre.

Deposita todo tu voto, no sólo una papeleta, sino toda tu influencia. Una minoría no tiene ningún poder mientras se aviene a la voluntad de la mayoría: en ese caso ni siquiera es una minoría. Pero cuando se opone con todas sus fuerzas es imparable. Si las alternativas son encerrar a los justos en prisión o renunciar a la guerra y a la esclavitud, el Estado no dudará cuál elegir» Thoreau.

¿Qué es lo que podemos hacer? Cortar la fuente de donde beben: no pagar los impuestos que creamos injustos.

«Si mil hombres dejaran de pagar sus impuestos este año, tal medida no sería ni violenta ni cruel, mientras que si los pagan, se capacita al Estado para cometer actos de violencia y derramar la sangre de los inocentes. Esta es la definición de una revolución pacífica» Thoreau.

Es nuestra mayor baza para hacerles daño y reivindicar que las cosas se están haciendo mal. Si una cantidad de personas significativa se negara a pagar los impuestos hasta que dejara de haber corrupción, de financiar a la Iglesia, a la monarquía o al ejército, esa fuerza de rebelión se extendería por todo el país y el gobierno se vería obligado a intervenir.

«Nunca me he negado a pagar el impuesto de carreteras porque tan deseoso estoy de ser un buen vecino, como de ser un mal súbdito; y respecto del mantenimiento de las escuelas, estoy contribuyendo ahora a la educación de mis compatriotas. No me niego a pagar los impuestos por ninguna razón en concreto;

simplemente deseo negarle mi lealtad al Estado, retirarme y mantenerme al margen» Thoreau.

Los impuestos son necesarios para cubrir los gastos en carreteras, infraestructuras, sanidad, educación, labor social... pero ya hemos visto que mientras vivas en sociedad pagas impuestos en cada cosa que consumas, y en algo tan necesario para nuestra forma de vida como el combustible, se paga más de la mitad de su valor real. Thoreau aboga a no pagar impuestos como llamada de atención y como forma de reivindicación, pues a parte del voto, es nuestra única forma de presión al Estado y la manera de no contribuir a que todo siga igual. Es negarse a seguir alimentando a una bestia anciana y enferma, cada vez más poderosa y menos ecuánime, donde priman los intereses de unos pocos sobre los de la mayoría. Si dejamos de darle de comer a esa bestia, puede que muera, y los que son capaces de hacerle más daño y tienen mayor poder para cambiar las cosas, son los funcionarios que hacen que siga llegando el alimento aun sabiendo que están alimentando a un monstruo.

«Si el recaudador de impuestos o cualquier otro funcionario público me preguntara —como así ha sucedido—: "pero ¿qué debo hacer?", mi respuesta sería: "Si de verdad deseas colaborar, renuncia al cargo". Una vez que el súbdito ha retirado su lealtad y el funcionario ha renunciado a su cargo, la revolución está conseguida» Thoreau.

Si todos los funcionarios que son conscientes de la mala gestión del Estado: del exceso de policía y ejército, de los abusos de Hacienda, de los puestos públicos innecesarios, del adoctrinamiento en la educación, de las carencias en la sanidad, etc. Si ellos actuaran según sus convicciones y renunciaran a seguir apoyando al Estado podrían cambiar las cosas.

Esta pregunta de Tolstói cobra sentido: «¿Qué lleva a esta gente al falso razonamiento de que el orden existente es irrevocable, y por ello hay que apoyarlo, cuando es evidente que, al contrario, si es irrevocable es precisamente porque ellos lo apoyan?»

Pero es muy difícil que un funcionario renuncie a su puesto que tanto esfuerzo le ha costado conseguir, después de sacar adelante una oposición con la inversión en tiempo, esfuerzo y dinero que conlleva. Así, muchos de esos funcionarios, desmotivados por ser testigos directos de las injusticias ejecutadas por el Estado, y acomodados a sabiendas que su puesto está asegurado independientemente de su rendimiento, miran para otro lado, cobran su sueldo, disfrutan de sus días moscosos, cogen la baja laboral con un leve resfriado y por depresión si ya están demasiado asqueados del sistema y sus carencias, y esperan su jubilación con anhelo, tachando cada día en el calendario como un día menos para la libertad. Y así, este sistema se perpetúa una generación tras otra mientras los jóvenes, en vez de querer crear algo nuevo que haga crecer al mundo; sueñan con ser funcionarios, tener un sueldo asegurado durante cuarenta años, ¡seguridad, seguridad, seguridad! Es lo que desean... Y con treinta años recién cumplidos, ya piensan en su jubilación sin importarles si el Estado que paga sus sueldos y los protege, es justo o injusto, o si se puede cambiar.

«Aquellos que afirman la justicia más limpia y, por tanto, los más peligrosos para un Estado corrompido, no suelen haber dedicado mucho tiempo a acumular riquezas. A estos tales el Estado les presta un servicio relativamente pequeño, y el mínimo impuesto suele parecerles exagerado en especial si se ven obligados a ganarlo con el sudor de su frente. Si hubiera alguien que viviera sin hacer uso del dinero en absoluto, el Estado mismo dudaría en reclamárselo. (…) El dinero acalla muchas preguntas que de otra manera tendría que contestar, mientras que la única nueva que se le plantea es la difícil pero superflua de cómo gastarlo. De este modo, sus principios morales se derrumban a sus pies. Las oportunidades de una vida plena disminuyen en la misma proporción en que se incrementan lo que se ha dado en llamar los "medios de fortuna"» Thoreau.

Cuanto más dinero y más posesiones se tengan, más dependiente del Estado y menos posibilidad de desvincularte de Él. El Estado toma lo suyo por la fuerza: haciendo actuar a la policía o al ejército empleando la violencia si fuera necesario. O, a través, de la ofensiva económica dictando multas e intereses de demora; y el ciudadano, por miedo o porque no crezca la suma de dinero a pagar, asume sin rechistar la condena. ¿Cómo puede apresarte el Estado? Con los impuestos derivados del sueldo, posesiones, consumo y el pago de multas. Si un individuo se niega a pagar impuestos o multas y posee bienes, pueden embargar esos bienes. Si no se tienen bienes, ¿de dónde lo pueden coger?

«Me avine a redactar una declaración en los siguientes términos: "Sepan todos por la presente, que yo, Henry Thoreau, no deseo ser considerado miembro de ninguna sociedad legalmente constituida en la que no me haya inscrito personalmente". Si hubiera sabido entonces cómo denominarlas me habría borrado una por una de todas las sociedades de las que jamás me hice miembro, pero no sabía dónde conseguir una lista completa» Thoreau.

Nadie nos pregunta si queremos formar parte del Estado. Es una imposición que debes acatar desde que naces, además según dónde nazcas tendrás que rendir cuentas a un Estado u otro, siempre puedes (si has tenido la suerte de nacer en un Estado donde se pueda salir) buscarte otro Estado en cualquier parte del mundo. Pero, ¿y si no te gusta ninguno?, ¿por qué no se puede ser un ser humano sin formar parte de ningún Estado u organización?

«Jamás habrá un Estado realmente libre y culto hasta que no reconozca al individuo como un poder superior e independiente, del que se deriven su propio poder y autoridad y le trate en consecuencia. (…) **Solo piense, por un momento, en un hombre** afanado en sus asuntos. ¡Cómo lo respetaríamos! ¡De qué manera tan gloriosa se alzaría ante nosotros! Que no trabajara para ninguna corporación ni agente, tampoco para su presidente, ¡sino que cumpliera con el fin de su ser! Un hombre dedicado a sus asuntos sería el blanco de todas las miradas» Thoreau.

«En los últimos tiempos se ha vuelto cada vez más evidente que la liberación de los hombres se logrará precisamente a través de la liberación individual» Tolstói.

Hasta que exista ese Estado que trate a sus ciudadanos con la posibilidad de ser un individuo diferente, que pueda pensar diferente y actuar diferente, y no como a una masa maleable e influenciable a la que obligar por la fuerza a acatar las leyes y cumplir con los estándares sociales. Hasta que no llegue ese día, la única manera de ser libre es actuar individualmente, desligándose del Estado todo lo posible para depender menos de Él.

Continúa Tolstói: «Si una persona, que ha desarrollado en su interior una conciencia superior, ya no puede seguir cumpliendo las exigencias de Estado, no tiene cabida en él y ha dejado de necesitar su protección, la cuestión de si los hombres han madurado o no como para abolir el Estado, tiene una solución tan indiscutible como la de un polluelo que ha salido del cascarón: ninguna fuerza del mundo podrá ya hacerlo regresar a este; del mismo modo, los hombres que hayan superado la forma estatal, ya no podrán ser obligados a regresar a esta».

«Si un hombre piensa con libertad, sueña con libertad e imagina con libertad, nunca le va a parecer que es aquello que no es, y ni los gobernantes ni los reformadores ineptos podrán en realidad coaccionarle. (...) Si de forma plenamente consciente hubiera de unirme a las filas de algún partido, escogería aquel que mayor libertad ofrezca para el pensamiento» Thoreau.

Aunque tengas una familia que dependa de ti, unos bienes que no quieres perder, un estatus social al que no quieres renunciar. Si piensas con libertad y eres consciente de las injusticias cometidas por el Estado, por mucho que te avasallen con impuestos injustos, multas y deberes sin sentido, y decidas cumplirlos. No podrán someter tus pensamientos ni tu corazón.

«Me complazco imaginándome un Estado que por fin sea justo con todos los hombres y trate a cada individuo con el respeto de un amigo. Que no juzgue contrario a su propia estabilidad el que haya personas que vivan fuera de él, sin interferir con él ni acogerse a él, tan sólo cumpliendo con sus deberes de vecino y amigo. Un Estado que diera este fruto y permitiera a sus ciudadanos desligarse de él al lograr la madurez, prepararía el camino para otro Estado más perfecto y glorioso aún, el cual también imagino a veces, pero todavía no he vislumbrado por ninguna parte» Thoreau.

Cuando exista ese Estado basado en la libertad de elección, sin obligar ni oprimir a nadie, donde no se retenga a nadie por miedo, sino que los ciudadanos que se adhieran a Él lo hagan porque lo consideran justo. Entonces podremos hablar de verdadera democracia, de verdadera libertad.

Bienaventurados los perseguidos por causa de la justicia, porque de ellos es el Reino de los Cielos (Mateo 5, 10).

JUEGAN CON TU MIEDO

«Aprendí que el coraje no era la ausencia de miedo, sino el triunfo sobre él. El hombre valiente no es el que no siente miedo, sino el que lo conquista» Nelson Mandela.

Jugar con el miedo de la gente es la herramienta más poderosa que tienen los gobiernos, religiones, Estados, ejércitos, explotadores o cualquier persona que quiera tener controlada a otra. El miedo a lo que pasará te induce a quedarte como estás, a obedecer, a pagar los impuestos, a no quejarte, a no rebelarte.

«Gobernar encadenando la mente por miedo o por temor al castigo en otro mundo es igual de básico como usar la fuerza» Hipatia.

Un gobernante déspota y corrupto apelará a que la oposición podría ser todavía peor, a que "más vale malo conocido que bueno por conocer". Los votantes después de años de ser víctimas de abusos creen que eso es lo normal, y si tienen lo suficiente para vivir, votarán al mismo partido, aunque sea malo, es lo conocido, no vaya a ser que el otro sea peor. Aquí vale el refrán de "mal de muchos, consuelo de tontos".

Las religiones usan para su beneficio el miedo a ir al infierno, o donde quiera que vayan los pecadores que siguen su credo. Ello obliga a sus fieles a seguir sus normas, a tener que confesarse, a dar ofrendas, a contribuir en la construcción de sus templos, a mantener a sus sacerdotes. Puede que una de las maneras más eficaces de dominar al pueblo sea el miedo a lo que te espera en "el más allá", la mayoría de religiones se nutren de ese miedo a la muerte y a lo que vendrá. Aconsejan vivir una vida de privaciones, de ritos sin sentido, de continua preocupación, de sentimiento de pecado, de miedo al castigo, siempre pensando más en ir al paraíso que en vivir y disfrutar esta vida, siendo feliz tú y haciendo feliz a los demás.

Los Estados usan el miedo para tener controlada a la gente. Se nutren de policía y ejércitos para sofocar cualquier tipo de rebelión. Instauran leyes que benefician a los dirigentes y oprimen al resto. No dudan en usar la fuerza en su beneficio y, los ciudadanos no acatan las leyes y pagan los impuestos porque crean que son justos, lo hacen por miedo a ir a la cárcel, por miedo a que les requisen sus bienes o incluso a que les golpeen o les maten.

Los empresarios que explotan a sus trabajadores también juegan con su miedo. Si no aceptan las condiciones impuestas de sueldos míseros, condiciones laborales pésimas, horas extra no remuneradas, etc., son amenazados con el despido. La reciente crisis ha dejado una estela de industriales y empresarios sin escrúpulos que se han beneficiado del miedo a perder el trabajo de sus empleados y han bajado sueldos, obligado a hacer horas sin cobrar, y un sin fin de irregularidades. Pero: "como la cosa está tan mal y no voy a encontrar trabajo, tengo que tragar con todo". Los empleados se someten a cualquier condición laboral injusta por miedo. Así se ve a profesionales cualificados con treinta, cuarenta o cincuenta años cobrando menos de mil euros al mes, y además, teniendo que estar agradecidos por ello.

José Luis Sampedro hace esta reflexión: «El gobernar a base de miedo es muy eficaz, si usted amenaza a la gente que los va a degollar, luego no los degüella, pero los explota, los engancha a un carro, les azota... y dicen "bueno, por lo menos no me han cortado el cuello", y se dice eso de "virgencita, que me quede como estoy". Si se empieza a la gente dándoles el shock, si empieza por asustarles muchísimo, luego les castiga un poco menos y dicen "¡ay! No nos han fusilado, menos mal, ¡qué bien!" El miedo nos lo están dando en la televisión y el periódico todos los días. Si somos libres de pensar, es más libre un librepensador en un calabozo, que el guardia que lo custodia. Porque el guardia está defendiendo algo que no es suyo y fastidiando al que es suyo. Y el guardia no es libre, el libre es el de dentro».

Tony Benn dice: (para el Estado) es mejor que la gente esté desesperada y sea pesimista. Creo que hay dos modos en que se controla a la gente. La primera es asustarlos. Y después, desmoralizarlos. Un país educado, sano y seguro de sí mismo es más difícil de gobernar. Creo que algunas personas piensan: "no queremos que la gente sea educada, sana y segura de sí misma, porque perderíamos el control sobre ellos". El 1% de la población tiene el 82% de la riqueza mundial. Es increíble, la gente lo soporta. Son pobres, están desmoralizados, tienen miedo. Y piensan que lo mejor es aceptar órdenes y esperar que pase algo mejor.

El ser humano es la única especie en que la mayoría de los miedos y sensación de peligro que experimenta solo ocurren en su mente.

Una veintena de gacelas pastan tranquilamente en la sabana africana. Una de ellas escucha un ruido y se ponen todas en alerta levantando las orejas. A lo lejos, se ve moverse la hierba alta, el viento les lleva un olor inconfundible ¡es un león! Como activadas por un resorte, comienzan todas a correr. Las atacantes se descubren, son tres leonas hambrientas. Una de las crías más jóvenes se queda atrás y es cazada por las leonas que se abalanzan sobre su espalda y cuello. En ese momento las gacelas dejan de correr y siguen pastando como si nada a escasos cincuenta metros de la escena. Saben que las leonas han obtenido su alimento y ahora lo devorarán. ¿Para qué correr más?

Si hubiera sido un grupo de humanos el atacado, los supervivientes no dejarían de correr en horas, se esconderían en algún lugar seguro hasta el día siguiente y el trauma de ser atacados por unas bestias salvajes les podría durar toda la vida tomando antidepresivos y visitando al psicólogo, no volverían jamás a África, alertarían a todos sus conocidos y al mundo de la inseguridad de los safaris, y no podrían volver a ver "El Rey león" sin tener pesadillas.

Cuántas personas tardan años en volver a tener una relación porque su última pareja las trató mal, o cuántos empresarios no vuelven a emprender porque tuvieron que cerrar su negocio. Y lo que es peor, cuántas personas no hacen aquello que desean por miedos metidos por su entorno, por noticias que ven en la televisión o porque no conocen a nadie que lo haya hecho antes. Una sociedad miedosa es una sociedad más fácil de manipular y de someter. Los miedos se superan enfrentándolos. Una de mis máximas es: "si no te va a matar, hazlo". Te puede ir mal, pero es peor no haberlo intentado. Ser valiente entraña riesgos pero tiene muchos beneficios. El valiente no tiene miedo a lo desconocido, disfruta con los retos, toma la responsabilidad de sus actos y de su vida, se mueve en el filo de la incertidumbre sin mirar abajo, entre actuar o quedarse parado siempre elije la acción, no teme el fracaso, nunca se rinde y siempre da lo mejor de sí. Se dice que el cementerio está lleno de valientes, pero ¿qué es mejor?, ¿vivir una larga vida siendo un cordero o una corta y plena siendo un jaguar?

«Se trata más bien de robustez del corazón por encima de toda medida. La intrepidez es la primera exigencia de toda espiritualidad. Es imposible que un cobarde sea virtuoso» Gandhi.

PASA A LA ACCIÓN

Tener buenos pensamientos y buenas intenciones está muy bien, tener sueños, ser ambicioso, hacer planes, compartir con los demás... pero luego hay que pasar a la acción. Hay una frase que dice T. Harv Eker, el autor de "Los secretos de la mente millonaria": "Llevo veinte años meditando pero nunca me cayó una bolsa de dinero en la cabeza mientras meditaba". Para obtener resultados hay que emprender acciones, y hay veces, que pensar demasiado nos paraliza, nos quedamos sopesando las ventajas e inconvenientes y pasa nuestra oportunidad.

Gerardo estaba locamente enamorado de María. Cada vez que la veía pasar se le aceleraba el corazón, cuando la escuchaba sonreír era música celestial para sus oídos, cuando la miraba le subían los colores y tenía que bajar la vista. Gerardo sabía que estaba soltera, ella se lo había insinuado, y últimamente paseaba más a menudo por su barrio. Llevaba varias noches imaginando una cita con ella, ya tenía pensado el restaurante, la discoteca donde irían después, había memorizado lo que le diría y hasta había soñado con el primer beso y cómo hacían el amor. Pero pasaba un día y otro, y otro... cuando María se acercaba a saludarle, hablaban de cosas sin importancia y al despedirse, Gerardo se decía: "de mañana no pasa".

Y mañana se convirtió en hoy, y María volvió a pasear por el barrio, pero de la mano de un chico no demasiado guapo ni apuesto, pero que había pasado a la acción.

Una de las cosas que podemos hacer aunque parezca contraproducente es cambiar el orden de: *pensamiento, palabra, acción.* Hacerlo antes de pensarlo demasiado o decirlo. Imagina que te gusta una chica o un chico y piensas si tú le gustarás, si querrá salir contigo, las palabras que le vas a decir... puede que se te pase la oportunidad o que eso que dices, en vez de atraerla la espante.

En cambio, si has sentido que te miraba, que existe esa atracción, te acercas con delicadeza, la coges de la cintura, la miras fijamente a los ojos y aproximas tus labios a los suyos. Si de verdad le gustas, os daréis un beso de película y sobrarán las palabras. Y si te equivocabas, seguramente podrás recular a tiempo o como mucho te llevarás una cobra o un tortazo. Hay veces que es mejor pedir perdón que permiso. Si te equivocas, siempre se puede rectificar, si nunca lo intentas, te quedarás con la duda de si hubiera sido posible.

Cuando le preguntan: "¿De qué te arrepientes?" A personas que están a punto de morir. Casi siempre contestan cosas que no hicieron, no cosas que hicieron pero les fue mal. Cosas como: "le hubiera dicho a esa mujer que la amaba", "hubiera pedido perdón a ese familiar", "hubiera hecho ese viaje o emprendido ese proyecto".

«La fe es dar el primer paso, incluso cuando no ves la escalera entera. Si no puedes volar, corre; si no puedes correr, camina; si no puedes caminar, arrástrate, pero hagas lo que hagas, tienes que seguir hacia delante» Martin Luther King.

Cuando dudes entre hacer o no hacer, siempre elige el hacer. Si no te va matar, hazlo, inténtalo, dilo, pruébalo, no te quedes con la duda. Con buenas palabras, con educación, con buenas intenciones se puede decir o pedir cualquier cosa. ¿Qué es lo peor que podría pasar?, ¿que te digan que no?

Thoreau decía: «¿Dónde se encuentra la *terra incognita* sino en las empresas que no hemos intentado aún? Para un ánimo aventurero, cualquier lugar (Londres, Nueva York, Worcester, o su propio jardín) es un territorio virgen. Para un espíritu débil y derrotado, incluso la Gran Cuenca y la Estrella Polar son lugares triviales. Si consiguen llegar (y, de hecho, están allí ahora) querrán dormir, y ceder, como hacen con todo. Éstos son los reinos de lo Conocido y lo Desconocido. ¿Qué sentido tiene seguir firmemente los viejos caminos? Hay una víbora en el camino que tus pies han desgastado. Debe abrir vías hacia lo Desconocido. Para eso tiene su ropa y su comida. ¿Por qué remienda su ropa si no es con el objetivo de, llevándola puesta, mejorarse uno mismo?»

Cuando comencé a vender los libros uno a uno en la calle me daba vergüenza. Las primeras veces hacía el amago de hablar con alguien pero en el último momento me echaba hacia atrás, hasta que me lanzaba y hablaba con esa primera persona. Si eran muchos "no" seguidos, me desanimaba un poco pero seguía intentándolo y en el momento que me decían un "sí", iban todos seguidos. Cambiaba mi energía, cogía confianza y eso lo transmitía a las personas que me escuchaban. Siempre me dije que persona que me escucha es persona que me conoce, persona que me compra un libro es persona que me lee, así que día a día, persona a persona iba creciendo ese número de lectores potenciales. Si me hubiera quedado esperando a que me vinieran a comprar los libros, si no hubiera pasado a la acción, por muy buenas ideas y muy buenas intenciones que tuviera, mi historia habría sido distinta.

«Si ya sabes lo que tienes que hacer y no lo haces, entonces estás peor que antes» Confucio.

VUELTA A LOS ORÍGENES

Huxley dice que: «desde el punto de vista biológico, el hombre es moderadamente gregario, no un animal completamente social; es un ser, por ejemplo, más como el lobo o el elefante que como la abeja o la hormiga. En su forma original, las sociedades humanas no se parecían a la colmena o el hormiguero; eran meras manadas».

Vamos a indagar un poco en la historia para ver cómo con lo que llamamos "evolución" y "progreso" nos estamos separando de nuestra verdadera esencia, cómo pagamos con nuestra libertad e individualidad esas mejoras en nuestra "calidad de vida".

«La libertad del individuo no es un regalo de la civilización. Era mayor antes de haber cualquier civilización» Sigmund Freud.

Muchos de los datos de este capítulo han sido extraídos textualmente del fantástico libro: "Sapiens. De animales a dioses" de Yuval Noah Harari:

«Viajemos pues 45.000 años en el tiempo al origen del ser humano, al nacimiento del homo sapiens.

Esos primeros hombres que surgieron en África eran nómadas que buscaban cada día lo necesario para sobrevivir, eran denominados cazadores-recolectores, tenían un conocimiento de su entorno y de cómo sacarle el máximo resultado. Para sobrevivir tenían que saber cazar, los tipos de plantas comestibles, las épocas donde conseguir los diferentes frutos, lugares para guarecerse, rutas y trucos para escapar de los depredadores. Existen pruebas de que el tamaño de los cazadores-recolectores era mayor que el nuestro. Para sobrevivir necesitaban de unas capacidades mentales y físicas excelentes.

Ellos dominaban no solo el mundo circundante de animales, plantas y objetos, sino también el mundo interno de sus propios cuerpos y sentidos. Escuchaban el más leve movimiento en la hierba para descubrir si allí acechaba una serpiente. Observaban detenidamente el follaje de los árboles con el fin de descubrir frutos, colmenas y nidos de aves. Se desplazaban con un mínimo de esfuerzo y ruido, y sabían cómo sentarse, andar y correr de la manera más ágil y eficiente. El uso variado y constante de su cuerpo hacía que se hallaran en tan buena forma como los corredores de maratón. Poseían una destreza física que la gente de hoy en día es incapaz de conseguir incluso después de años de practicar yoga o taichi.

Aunque las personas de las sociedades opulentas actuales trabajan una media de 40-45 horas semanales, y las personas del mundo en vías de desarrollo trabajan 60 e incluso 80 horas por semana, los cazadores-recolectores en el más inhóspito de los hábitats (como el desierto de Kalahari) trabajan por término medio solo 35-45 horas por semana. Cazan solo un día de cada tres, y recolectar les ocupa solo 3-6 horas diarias. En épocas normales esto es suficiente para alimentar a la cuadrilla. Bien pudiera ser que los cazadores-recolectores antiguos, que vivían en zonas más fértiles que el Kalahari, invirtieran todavía menos tiempo para obtener alimentos y materiales en bruto. Además de esto, los cazadores-recolectores gozaban de una carga más liviana de tareas domésticas. No tenían platos que lavar, ni alfombras para quitarles el polvo, ni pavimentos que pulir, ni pañales que cambiar, ni facturas que pagar.

La economía de los cazadores-recolectores proporcionaba a la mayoría de la gente una vida más interesante que la que da la agricultura o la industria. En la actualidad, una obrera china de una fábrica se va de casa alrededor de las siete de la mañana, recorre las calles contaminadas hasta llegar a un taller cuyas condiciones de trabajo son infames, y allí hace funcionar la misma máquina, de la misma manera, un día y otro, durante diez largas y tediosas horas; después vuelve a casa hacia las siete de la tarde, y se pone a lavar los platos y hacer la colada. Hace 30.000 años, los cazadores-recolectores chinos podían abandonar el campamento, pongamos por caso, a las ocho de la mañana. Vagaban por los bosques y prados cercanos, recolectando setas, extrayendo del suelo raíces comestibles, capturando ranas y, ocasionalmente, huyendo de tigres. A primera hora de la tarde estaban de vuelta en el campamento para comer. Esto les dejaba mucho tiempo para chismorrear, contar relatos, jugar con los niños y simplemente holgazanear.

La dieta de los cazadores-recolectores era muy variada y sana. Había un índice de mortalidad infantil muy alto por la vulnerabilidad de los niños, pero si pasaban los peligrosos primeros años generalmente vivían más de sesenta años. Los agricultores comían mucho peor, pues su dieta era muy poco variada. Podía provenir de una sola planta de cultivo (como el trigo, las patatas o el arroz), que carece de muchas de las vitaminas, minerales y otros nutrientes.

Cuando los sapiens eran cazadores-recolectores vivían en abundancia, pero todo esto cambió hace unos 10.000 años, cuando empezaron a dedicar casi todo su tiempo y esfuerzo a manipular la vida de unas pocas especies de plantas y animales. Desde la salida hasta la puesta de sol los humanos sembraban semillas, regaban las plantas, arrancaban malas hierbas del suelo y conducían a los carneros a los mejores pastos. Estas tareas, pensaban, les proporcionarían más frutos, grano y carne. Fue una revolución en la manera en que vivían los humanos: la revolución agrícola.

Si nuestra mente es de los cazadores-recolectores, nuestra cocina es la de los antiguos agricultores.

La agricultura se extendió desde un único punto de origen en Oriente Próximo hasta los cuatro extremos del mundo. En el siglo I a. C., la mayoría de las personas en la mayor parte del mundo eran agricultores.

Los entendidos proclamaban antaño que la revolución agrícola fue un gran salto adelante para la humanidad. Contaban un relato de progreso animado por la capacidad cerebral humana. La evolución produjo cada vez personas más inteligentes. Al final, estas eran tan espabiladas que pudieron descifrar los secretos de la naturaleza, lo que les permitió amansar a las ovejas y cultivar el trigo. En cuanto esto ocurrió, abandonaron alegremente la vida agotadora, peligrosa y a menudo espartana de los cazadores-recolectores y se establecieron para gozar de la vida placentera y de hartazgo de los agricultores. Esto es falso. En lugar de anunciar una nueva era de vida fácil, la revolución agrícola dejó a los agricultores con una vida generalmente más difícil y menos satisfactoria que la de los cazadores-recolectores. Ellos pasaban el tiempo de maneras más estimulantes y variadas, y tenían menos peligro de padecer hambre y enfermedades. Ciertamente la revolución agrícola amplió la suma total de alimento a disposición de la humanidad, pero el alimento adicional no se tradujo en una dieta mejor o en más ratos de ocio, sino en explosiones demográficas y élites consentidas. El agricultor medio trabajaba más duro que el cazador-recolector medio, y a cambio obtenía una dieta peor. La revolución agrícola fue el mayor fraude de la historia.

El trigo, el arroz y las patatas domesticaron al hombre y no al revés.

El trigo manipuló a homo sapiens para su conveniencia. Este simio había vivido una vida relativamente cazando y recolectando hasta hace unos 10.000 años, pero entonces empezó a invertir cada vez más esfuerzos en el cultivo del trigo. En el decurso de un par de milenios, los humanos de muchas partes del mundo hacían poca cosa más desde la salida hasta la puesta de sol que cuidar de las plantas del trigo. No era fácil. El trigo les exigía mucho. Al trigo no le gustan las rocas y los guijarros, de manera que los sapiens se partían la espalda despejando los campos. Al trigo no le gusta compartir su espacio, agua y nutrientes con otras plantas, de modo que hombres y mujeres trabajaban largas jornadas para eliminar las malas hierbas bajo el sol abrasador. El trigo enfermaba, de manera que los sapiens tenían que estar atentos para eliminar gusanos y royas. El trigo se hallaba indefenso frente a otros organismos a los que les gustaba comérselo, desde conejos a enjambres de langostas, de modo que los agricultores tenían que vigilarlo y protegerlo. El trigo estaba sediento, así que los humanos aportaban agua de manantiales y ríos para regarlo. Su insaciabilidad impulsó incluso a los sapiens a recoger heces de animales para nutrir el suelo en el que el trigo crecía.

Su cuerpo no estaba acostumbrado a estas tareas y de ello derivaron dolores de espalda, rodillas, cuello y pies. Además, las nuevas tareas agrícolas exigían tanto tiempo que las gentes se vieron obligadas a instalarse de forma permanente junto a sus campos de trigo. Esto cambió por completo su modo de vida. No domesticamos el trigo. El termino "domesticar" procede del latín *domus*, que significa "casa". ¿Quién vive en una casa? No es el trigo. Es el sapiens.

El trigo no confirió seguridad económica a la gente. La vida de un campesino es menos segura que la de un cazador-recolector. Los cazadores-recolectores se basan en decenas de especies para sobrevivir, y por lo tanto podían resistir los años difíciles incluso sin almacenes de comida. En cambio, si las lluvias fallaban, llegaba una plaga de langostas o un hongo infectaba la plantación, los campesinos morían por miles y millones.

La vida en aldeas aportó algunos beneficios a los primeros agricultores, como una mejor protección contra los animales salvajes, la lluvia y el frío. Pero para la persona media, las desventajas probablemente sobrepasan las ventajas.

Cultivar trigo proporcionaba mucha más comida por unidad de territorio, y por ello permitió a homo sapiens multiplicarse exponencialmente. Si una especie puede alardear de muchas copias de ADN, es un éxito, y la especie prospera. Desde esta perspectiva, 1.000 copias siempre son mejores que 100 copias. Esta es la esencia de la revolución agrícola: la capacidad de mantener más gente viva en peores condiciones.

Pero ¿por qué habría cualquier persona sana de reducir su propio nivel de vida simplemente para multiplicar el número de copias del genoma de homo sapiens? Nadie consintió este trato: la revolución agrícola es una trampa.

Con el tiempo, el negocio del trigo se hizo cada vez más oneroso. Los niños morían en tropel, y los adultos comían el pan ganado con el sudor de su frente.

Paradójicamente, una serie de "mejoras", cada una de las cuales pretendía hacer la vida más fácil, se sumaron para constituir una piedra de molino alrededor del cuello de estos agricultores.

¿Por qué cometieron ese error fatal? Por la misma razón que, a lo largo de la historia, esta ha hecho cálculos equivocados. La gente era incapaz de calibrar todas las consecuencias de sus decisiones. Cada vez que decidían hacer un poco más de trabajo extra, la gente pensaba: "Sí, tendremos que trabajar más duro. ¡Pero la cosecha será muy abundante! No tendremos que preocuparnos nunca más por los años de escasez. Nuestros hijos no se irán nunca más a dormir con hambre". Tenía sentido, si trabajabas más duro, tendrías una vida mejor. Ese era el plan.

La primera parte del plan funcionó perfectamente. En efecto, la gente trabajó más duro, pero no previó que el número de hijos aumentaría, lo que significaba que el trigo excedente tendría que repartirse entre más niños. Y no sabían que darles de comer más gachas y menos leche materna debilitaría su sistema inmunitario, y que los poblados permanentes se convertirían en viveros para las enfermedades infecciosas. No previeron que al aumentar su dependencia de un único recurso alimentario en realidad se estaban exponiendo cada vez más a la depredación y a la sequía. Y tampoco previeron que en los años de bonanza sus graneros repletos tentarían a ladrones y enemigos, lo que les obligaría a empezar a construir muros y a hacer tareas de vigilancia. Lo que hizo que tuvieran que depender de alguien que los protegiese. La comodidad y el miedo les hizo asentarse en sus campos, buscar seguridad los condenó al trabajo duro y la monotonía».

Rousseau decía que: «los hombres no han sido creados para agruparse en hormigueros, sino para esparcirse sobre la tierra que deben cultivar. De todos los animales, el hombre es el que menos capacidad tiene para vivir en rebaños. (…) El hombre moderno siempre está en contradicción consigo mismo. Esta situación de conflicto interno se manifiesta claramente en su continua ansiedad e inseguridad; como pretende en vano lograr una meta que es incompatible con su verdadera naturaleza, jamás llega a encontrar una satisfacción genuina, y está constantemente sometido a la inseguridad y al desasosiego. Un ser ansioso no puede vivir en una única dimensión temporal; aunque teme el presente sin tener confianza en el futuro, confía superar en el futuro su insatisfacción con el presente. En otras ocasiones huye del presente ansiando el pasado irrecuperable, o cayendo en un estado de ánimo de embrutecedor aburrimiento. (...) La influencia desastrosa de la vida urbana convierte a los hombres en algo distinto de lo que deberían ser y les confiere un ser nuevo, pero artificial».

Sigue "Sapiens": «No pensar en el futuro les ahorró a los cazadores-recolectores muchas angustias. No tenía sentido preocuparse por cosas sobre las que no podían influir. Los agricultores, aunque tuvieran comida suficiente para hoy, para la semana siguiente e incluso el mes siguiente, tenían que preocuparse por el año próximo, y se levantaban cada mañana al alba para pasar un largo día en el campo.

Una de las pocas leyes rigurosas de la historia es que los lujos tienden a convertirse en necesidades y a generar nuevas obligaciones. Una vez que la gente se acostumbra a un nuevo lujo, lo da por sentado. Después empiezan a contar con él. Finalmente llegan a un punto en el que no pueden vivir sin él.

El relato de la trampa del lujo supone una lección importante. La búsqueda de la humanidad de una vida más fácil liberó inmensas fuerzas de cambio que transformaron el mundo de maneras que nadie imaginaba ni deseaba. Una serie de decisiones triviales, dirigidas principalmente a llenar unos pocos estómagos y a obtener un poco de seguridad, tuvieron el efecto acumulativo de obligar a los antiguos cazadores-recolectores a pasar sus días acarreando barreños de agua bajo un sol de justicia. Con la aparición de la agricultura y la industria, las personas se basaron en las habilidades de los demás para sobrevivir, y se abrieron nuevos "nichos para imbéciles". Uno podía sobrevivir y transmitir sus genes nada especiales a la siguiente generación trabajando como aguador o como obrero de una cadena de montaje.

El esfuerzo vinculado a la agricultura fue el fundamento de sistemas políticos y sociales a gran escala. Lamentablemente, los diligentes campesinos casi nunca consiguieron la seguridad económica futura que tanto ansiaban mediante su duro trabajo en el presente. Por todas partes surgían gobernantes y élites, que vivían a costa de los excedentes de alimentos de los campesinos y que solo les dejaban con una mera subsistencia.

Estos excedentes confiscados impulsaron la política, las guerras, el arte y la filosofía. Construyeron palacios, monumentos y templos. Hasta la época moderna tardía, más del 90 por ciento de los humanos eran campesinos que se levantaban cada mañana para labrar la tierra con el sudor de su frente. Los excedentes que producían alimentaban a la reducida minoría de élites (reyes, funcionarios gubernamentales, soldados, sacerdotes, artistas y pensadores) que llenan los libros de historia. La historia es algo que ha hecho muy poca gente mientras que todos los demás araban los campos y acarreaban barreños de agua.

La evolución moldeó nuestra mente y nuestro cuerpo a la vida de los cazadores-recolectores. La transición primero a la agricultura y después a la industria nos ha condenado a vivir una vida antinatural que no puede dar expresión completa a nuestras inclinaciones e instintos innatos, y por lo tanto no puede dar satisfacción a nuestros anhelos más profundos. No hay nada en la vida confortable de la clase media urbana que se acerque a la excitación salvaje y al gozo absoluto que experimentaba una banda de cazadores-recolectores durante una caza exitosa de mamuts. Con cada nuevo invento ponemos otro kilómetro más de distancia entre nosotros y el jardín del Edén.

Desde la revolución industrial, la población humana del mundo ha crecido como nunca lo había hecho antes. En 1700, el mundo era el hogar de unos 700 millones de humanos. En 1800 había 950 millones. En 1900 casi duplicamos este número:1.600 millones. Y en 2000 lo cuadruplicamos hasta llegar a los 6.000 millones. En la actualidad hemos sobrepasado los 7.000 millones de seres humanos.

El exceso de población puede que sea el principal problema que tiene el planeta: los seres humanos agotan los recursos, aniquilan las especies, talan las selvas, contaminan los mares, el cielo y la tierra. Conforme la población crece y evoluciona, el planeta decrece y sus recursos se extinguen. ¿Qué pasaría si se llevara el progreso y, por lo tanto el consumismo, a los 815 millones que viven en la pobreza? Porque el ser humano siempre quiere más, y allí donde se expande la mentalidad de occidente, desaparece la cultura de toma solo lo necesario, por la de tómalo todo, y si te sobra, tíralo. ¿Y si la solución fuera volver a los orígenes? Desprendernos de los móviles, los vehículos a motor, soltar el ganado, abandonar los campos, derruir las ciudades y vivir cada día cogiendo solo lo indispensable de lo que nos ofrece la Tierra. Sin pensar en el mañana, sin jornadas laborales, sin jefes ni subordinados, sin acumular para luego desechar. Pero eso es imposible, la humanidad no va a abandonar todos sus lujos y comodidades por el bien de las otras especies y el planeta. Nuestra codicia acabará con el mundo que conocemos, nuestro egoísmo nos llevará al exterminio, nuestra soberbia al creernos los dueños de todo lo que nos rodea hará que la Madre Tierra acabe con su hijo más amado, el más dotado e inteligente, que no supo saber parar, que mordió la mano que le daba de comer».

Lo mejor que le podría pasar al planeta es que el 90% de la humanidad desapareciese y el resto tuviera que comenzar de nuevo, y no es algo descabellado, solo hace falta un meteorito, una epidemia, un tsunami arrasador o que acabemos con los recursos del todo, pues el dinero no se puede comer.

Hay una película francesa llamada: "Planeta Libre", donde unos extraterrestres tienen que viajar a la Tierra para ver cómo nos va. Nadie quiere ir, pues la última vez que vino alguien (fue Jesús) lo mataron. Cuando vienen y ven los edificios, coches, fábricas y el dinero se estremecen y nos tildan de anticuados e inconscientes. Ellos ya pasaron por eso en su planeta, se dieron cuenta que estaban equivocados y ahora viven con lo que les ofrece la tierra, en pequeñas sociedades, con la cooperación y el trueque como moneda de cambio.

Si la humanidad perdura y no queremos contribuir en su destrucción, está en nuestra mano hacer lo que podamos. En la antigüedad el mundo se ocupaba de sus quehaceres sin relojes ni horarios, sometido únicamente a los movimientos del sol y a los ciclos de crecimiento de las plantas. No había una jornada laboral uniforme, y las rutinas cambiaban según las estaciones. Antes de la revolución industrial, la vida cotidiana de la mayoría de los humanos giraba en torno a la familia. Se trabajaba en el negocio familiar, era el sistema de salud, el sistema educativo, la industria de la construcción, el gremio comercial, el fondo de pensiones, la compañía de seguros, el banco e incluso la policía. No dependían del Estado. Hay comunidades que se han salido del sistema y viven de una forma ecológica apartados de las ciudades y del consumismo. Gandhi fue un gran precursor de este estilo de vida con los asrahm autosuficientes que instauró en Sudáfrica. Esa puede ser una buena manera de ser más conscientes y respetuosos con el medio. Pero somos demasiados, cada vez más... ¿habrá suficiente para todos?

Esta historia nos da una idea de cómo el occidental ha arrasado con todo lo que ha encontrado a su paso:

Un día, mientras efectuaban actividades de adiestramiento en un remoto desierto del oeste de Estados Unidos, los astronautas Armstrong y Aldrin se encontraron con un anciano indio americano. El hombre les preguntó qué hacían allí. Le contestaron que formaban parte de una expedición de investigación que muy pronto viajaría para explorar la Luna. Cuando el anciano oyó esto, quedó en silencio por unos momentos, y después les pidió a los astronautas si le podrían hacer un favor, llevar un mensaje a los espíritus sagrados que viven en la Luna de parte de su pueblo. Los astronautas aceptaron y el hombre pronunció algo en su lenguaje tribal, y después les pidió que lo repitieran una y otra vez hasta que lo memorizaron. Los astronautas le preguntaron el significado de esas palabras, pero el anciano indio dijo que era un secreto entre su tribu y los espíritus de la Luna.

Cuando volvieron a su base, los astronautas buscaron y buscaron hasta que encontraron a alguien que podía hablar el lenguaje tribal, y le pidieron que tradujera el mensaje secreto. Al repetir lo que habían aprendido de memoria, el traductor empezó a reírse ruidosamente. Tras calmarse, los astronautas le preguntaron qué quería decir. El hombre les explicó que la frase que habían aprendido con tanto cuidado decía: "No os creáis ni una palabra de lo que esta gente os diga. Han venido para robaros vuestras tierras".

«Tenemos que volver a la naturaleza, porque la naturaleza es buena y el hombre es bueno por naturaleza. El mal está en la sociedad» Rousseau.

MENOS ES MÁS

Un hombre preguntó a la Madre Teresa de Calcuta:

—Madre Teresa, ¿es usted feliz?

—Soy muy feliz y me encuentro en paz. La gente ambiciosa aspira a tener cada vez más y nunca es feliz. Yo no tengo nada. Por eso soy perfectamente libre.

Cuanto menos tienes, más libre eres. El haber viajado durante meses con todas mis pertenencias en una mochila de diez kilos me enseñó a ser liviano, a vivir con poco, a no dar importancia a las posesiones materiales.

«Necesito poco, y lo poco que necesito, lo necesito poco» San Francisco de Asís.

Jesús no era hombre de miedos ni de compromisos. Él mismo no tenía casa propia y dormía cada noche donde podía y le dejaban. No se preocupaba de lo que iba a comer o dónde iba a dormir.

De modo que el mandamiento de Jesús de no preocuparse excesivamente por lo que comeremos o cómo nos vestiremos hay que interpretarlo en clave de un mensaje de libertad. Cuantas mayores dificultades económicas nos acechen y cuanto más acumulemos, menos capaces seremos de volar como los pájaros y ser libres.

Vended vuestros bienes y repartid el producto a los necesitados. Haceos así un capital que no se deteriora, riquezas inagotables en los cielos, donde no hay ladrones que roben, ni polilla que destruya. Pues donde tengáis vuestra riqueza, allí tendréis también el corazón (Lucas 12, 33-34).

La clave está en no necesitar, en eliminar lo superfluo, en simplificar las cosas y contentarse con lo esencial.

«La pobreza no viene por la disminución de las riquezas, sino por la multiplicación de los deseos» Platón.

En este mundo de impermanencia poseer acarrea problemas, pagos, responsabilidades, envidias, miedos, sufrimiento y falta de libertad.

«Veo a hombres jóvenes, conciudadanos míos, cuya desgracia es haber heredado granjas, casas, graneros, ganado y aperos de labranza; pues es más fácil adquirirlos que librarse de ellos» Thoreau.

Vamos a verlo punto por punto:

Problemas – El tener posesiones acarrea problemas derivados de su conservación, almacenaje, posibles consecuencias a terceros... Por ejemplo, si posees tres viviendas, más allá del partido monetario que les puedas sacar, estarás expuesto a averías, reparaciones, robos, trabas legales, problemas con los inquilinos si los alquilas... lo que te llevará a quebraderos de cabeza y preocupación.

Pagos – Tener posesiones es sinónimo de impuestos, rentas, hipotecas, seguros, reparaciones, mantenimiento, almacenaje...

Responsabilidades – Eres el responsable de todo lo que posees, así que deberás velar para que tus posesiones no acarreen ningún mal a nadie, sea intencional o fortuitamente.

Envidia – Si eres poseedor de una fortuna y artilugios de lujo, muchas personas te juzgarán y tendrán una opinión de ti que puede que no sea la correcta o la que te gustaría.

Miedo – Poseer algo genera miedo a perderlo, sea un objeto, una pareja, un familiar, una reputación, un estatus social...

Sufrimiento – Cuando dejamos de poseer aquello que teníamos o no conseguimos eso que deseamos, genera sufrimiento.

Falta de libertad – Las posesiones nos acortan la libertad, limitan nuestra capacidad de maniobra, nos vuelven dependientes. El exceso de posesiones se convierte en una carga y, todavía más, si esas posesiones son adquiridas a crédito, entonces nos convertimos en esclavos de nuestros financiadores.

«Ganarás el pan con el sudor de tu frente, dice la Biblia. Puede haber diversas clases de sacrificios. Y el trabajo por ganarse el pan puede ser uno de ellos. Si todos se esforzasen en trabajar por el pan que necesitan, y nada más, entonces habría para todos suficiente alimento y suficiente ocio. Cuando uno se deshace de todo lo que posee, pasa, en realidad, a poseer todos los tesoros del mundo» Gandhi.

Se dice en "Sapiens" que: «existe una división del trabajo entre la élite y las masas. En la Europa medieval, los aristócratas gastaban descuidadamente su dinero en lujos extravagantes, mientras que los campesinos vivían frugalmente, fijándose en cada penique. Hoy en día las tornas han cambiado. Los ricos cuidan mucho de gestionar sus valores e inversiones, mientras que los menos acomodados se endeudan comprando coches y televisiones que no necesitan realmente.

El supremo mandamiento de la gente rica es ¡invierte! El supremo mandamiento del resto de la gente es ¡compra!

La ética capitalista-consumista es revolucionaria en otro aspecto. La mayoría de los sistemas éticos anteriores planteaban a la gente un acuerdo muy duro. Se les prometía el paraíso, pero solo si cultivaban la compasión y la tolerancia, superaban los anhelos y la cólera y refrenaban sus intereses egoístas. Para la mayoría, esto era demasiado duro. La historia de la ética es un relato de ideales maravillosos que nadie cumple. La mayoría de los cristianos no imitan a Jesucristo, la mayoría de los budistas no sigue las enseñanzas de Buda y la mayoría de los confucianos habrían provocado a Confucio un berrinche colérico.

En cambio, la mayoría de la gente vive hoy siendo capaz de cumplir con éxito el ideal capitalista-consumista. La nueva ética promete el paraíso a condición de que los ricos sigan siendo avariciosos y pasen su tiempo haciendo más dinero, y que las masas den rienda suelta a sus anhelos y pasiones y compren cada vez más. Esta es la primera religión en la historia cuyos seguidores hacen realmente lo que se les pide que hagan. ¿Y cómo sabemos que obtendremos realmente el paraíso a cambio? Porque lo hemos visto en la televisión».

Cuando nuestra vida acabe no nos llevaremos nada con nosotros, así que... ¿para qué complicarse la vida con innumerables objetos innecesarios y superfluos?

Con tener las necesidades básicas de comida, techo y vestimenta cubiertas y gozar del cariño de personas cercanas a ti, se puede disfrutar de una vida plena. Aunque tampoco son realmente necesarias, se pueden poseer unas ciertas comodidades adecuadas a esta época como un móvil, un ordenador, un coche... pero siempre dentro de tus posibilidades y que su posible pérdida no se convierta en fuente de infelicidad.

Diógenes fue el más célebre de los cínicos. Los cínicos pensaban que la verdadera felicidad no depende de las cosas externas tales como el lujo, el poder político o la buena salud. La verdadera felicidad no depende de esas cosas tan fortuitas y vulnerables, y precisamente porque no depende de esas cosas no puede ser lograda por todo el mundo. Además, no puede perderse cuando ya se ha conseguido. Se dice de él que habitaba en un tonel y que no poseía más bienes que una capa, un bastón y una bolsa de pan.

Cuentan que, una mañana, cuando Diógenes estaba medio dormido, pasó por aquel lugar un acaudalado ministro del emperador, el cual se colocó delante del sabio y le dijo que si deseaba alguna cosa, él se la daba.

—Sí, que te apartes un poco y no me tapes el sol.

El rico se sintió ofendido y tuvo ganas de irse, pero quería probar si Diógenes actuaba como predicaba su filosofía.

—He tenido una semana muy buena, así que he venido a darte esta bolsa de monedas.

Diógenes lo miró en silencio, sin hacer un movimiento.

—Tómalas. No hay trampa. Son mías y te las doy a ti, que sé que las necesitas más que yo.

—¿Tú tienes más? —preguntó Diógenes.

—Claro que sí —contestó el rico—, muchas más.

—¿Y no te gustaría tener más de las que tienes?

—Sí, por supuesto que me gustaría.

—Entonces guárdate estas monedas, porque tú las necesitas más que yo.

—Pero tienes que comer... —el rico vio que solo poseía una cazuela con lentejas, la comida que comían los pobres de Atenas—. ¡Ay, Diógenes! Si aceptaras estas monedas podrías comer otra cosa. Y si aprendieras a ser más sumiso y a adular un poco más al emperador, no tendrías que comer tantas lentejas.

Diógenes levantó la vista, y mirando al rico ministro intensamente, contestó:

—Ay de ti, hermano. Si aprendieras a comer un poco de lentejas, no tendrías que ser sumiso y adular tanto al emperador.

Sócrates andaba parado delante de un puesto donde había un montón de artículos y dijo: «¡Cuántas cosas que no me hacen falta!» Sócrates declaró en su juicio antes de ser condenado a muerte: «A mí no me importan las cosas que le importan a la mayoría de la gente: hacer dinero, tener una casa confortable, tener un alto cargo en el ejército o en la vida civil, y todas las demás actividades que tienen lugar en nuestra ciudad; pensé que, si me dedicaba a este tipo de cosas, sería demasiado estricto con mis principios como para sobrevivir. De modo que en lugar de emprender un curso que no nos hubiera hecho ningún bien ni a ti ni a mí, me dispuse a haceros individualmente, en privado, lo que considero el servicio más grande posible: traté de persuadir a cada uno de vosotros para que no pensarais más en las ventajas prácticas que en este bienestar mental y moral».

Sócrates dedicó su vida a hacer ver a los atenienses la inutilidad de centrarse en amasar una fortuna o en los deseos del cuerpo. Les animaba a que buscaran la Verdad y vivieran una vida virtuosa, sencilla, moral y centrada en el crecimiento espiritual y la sabiduría.

Los estoicos (Zenón, Diógenes, Cicerón, Séneca, Epicteto, etc.) proclamaban que se puede alcanzar la libertad y la tranquilidad tan solo siendo ajeno a las comodidades materiales, la fortuna externa y dedicándose a una vida guiada por los principios de la razón y la virtud.

«Lo innecesario, aunque cueste solo un céntimo, es caro» Séneca.

Gandhi decía: «El hecho de poseer me parece un crimen. No hay que guardar para sí más que los objetos que no les faltarán a los otros pero eso no se conseguirá nunca.
La civilización, en el verdadero sentido de la palabra, no consiste en multiplicar las necesidades, sino el limitarlas voluntariamente. Ese es el único medio de conocer la verdadera felicidad y de hacernos disponibles a los demás.
Se necesita un mínimo de bienestar y de confort. Pero, una vez pasado ese límite, todo lo que debería servir para ayudarnos se convierte en fuente de malestar. Empeñarse en crear un número ilimitado de necesidades para satisfacerlas a continuación, es lo mismo que ponerse a perseguir el viento».

Es más fácil que un camello entre por el ojo de una aguja, que el que un rico entre en el Reino de Dios (Lucas 18, 25).

Los bienes materiales no te aportarán sabiduría ni una felicidad duradera, es más, consagrar tu tiempo y tu vida en su obtención te separará de la verdadera esencia de la vida. Te volverá codicioso, te verás atrapado en una rueda de deseos sin fin, pues siempre ansiarás más, sacarán un modelo nuevo de cualquier objeto, desearás una casa más grande, una ropa a la moda... en eso consiste el consumismo en el que estamos inmersos, donde se da más importancia al tener que al ser, al poseer que al ofrecer, al obtener que al soltar, al guardar que al compartir, y se olvida la máxima de que menos es más.

Rousseau aseguraba que: «el hombre primitivo no sabe que es feliz; simplemente es feliz. Aunque su capacidad potencial para la libertad y la perfección le diferencia netamente de los animales, su vida sigue estando basada en la satisfacción de las necesidades inmediatas».

Los indígenas amazónicos, los individuos de las tribus africanas o cualquier otro ser humano aislado del mundo occidental son felices y se conforman con lo que obtienen de la caza, la pesca o la tierra, hasta que entran en contacto con las comodidades y las necesidades superfluas de la sociedad de consumo. Cuando empiezan a ver los anuncios en la televisión de una infinidad de cosas que no poseen, se sienten desdichados y pobres. Nuestra percepción del mundo es por comparación, ¿si no soy consciente de que hay personas que tienen más posesiones que yo, cómo voy a querer más de lo que tengo?

Cuando di la vuelta al mundo estuve viviendo unos días con una comunidad de indios huitoto en el Amazonas colombiano. Fui testigo de su forma de vida, de cómo se abastecían de lo que obtenían de la selva, sin luz, agua corriente, teléfono, internet o un coche. Dedicaban unas seis horas al día a sus quehaceres: cazar, pescar, recolectar, reparar o construir sus cabañas o canoas. El resto del día lo pasaban descansando, bromeando, jugando con sus hijos... No he conocido a gente más sencilla y feliz. En esos días les interrogaba con multitud de preguntas, pero hubo algo que me extrañó mucho: ellos no me preguntaron absolutamente nada sobre mi vida, de los viajes o las noticias del mundo. No querían saber, a lo mejor conscientes de que si sabían, podrían desear algo distinto a lo que conocen y aman: su trocito de río, su familia y la naturaleza desbordante que les rodea, les protege y alimenta.

Los beneficiados de la sociedad de consumo lo saben y lo aprovechan. ¿Cuántos anuncios de coches de lujo, productos fuera del alcance de la clase media o reportajes de la vida ociosa de los ricos se emiten cada día? Eso genera en muchas personas envidia y sensación de carencia. Eso les fuerza a trabajar más horas, pedir más préstamos y apretar la soga al cuello que los esclaviza más fuerte.

«Si cada uno guardase sólo lo que necesita, nadie conocería apuros y todos vivirían satisfechos. Pues en la situación actual, los ricos están tan descontentos como los pobres. Al pobre le gustaría ser millonario, y al millonario centuplicar sus millones» Gandhi.

Con esto no quiero decir que ser rico sea malo ni bueno, pero querer ser algo que no eres, y más aún, aparentarlo, puede derivar en una depresión o la ruina.

O eres rico de verdad, o sea, que tu fortuna no dependa de tu trabajo, que tu dinero te dé más dinero y cualquier perdida, reparación, robo o impuesto no sea un problema, sino un pequeño contratiempo. O es mejor poseer lo mínimo indispensable para tu comodidad y la de los tuyos, pero sin ser esclavo de tus posesiones.

Muchas veces nos empeñamos en acumular, obtener, poseer… cuando se trata más bien en soltar. Cuanto más ligero, más libre; cuanto más libre, más cerca de la Verdad.

«Gastamos dinero que no tenemos, en cosas que no necesitamos, para impresionar a gente a la que no le importamos» Will Smith.

HAZ QUE OTROS DESPIERTEN

«Lo que cuenta en la vida no es el mero hecho de que hemos vivido. Es la diferencia que hemos marcado en las vidas de otros lo que determinará el significado de la vida que llevamos» Nelson Mandela.

El "Mito de la Caverna" que Platón plantea en "La República" nos muestra en forma de metáfora la ilusión en la que vivimos y qué les pasa a los que salen de ella y quieren avisar a los demás. En el mito, unas personas habitan una caverna. Están sentadas de espaldas a la entrada, atadas de pies y manos, de modo que solo pueden mirar hacia la pared de la caverna. Detrás de ellas, hay un muro y ven unas sombras iluminadas por una hoguera. Es lo único que han visto desde que nacieron y para ellos esas sombras es lo único que existe. Uno de los habitantes de la caverna consigue soltarse y se dirige hacia la salida de la caverna. La luz del exterior le ciega, le hace daño, pues nunca ha visto la luz del sol. Por primera vez vería figuras nítidas, plantas y animales. Vería el sol en el cielo y comprendería que es el sol quien da vida a todas las plantas y animales de la naturaleza, de la misma manera que podía ver las sombras en la caverna gracias a la hoguera. Está feliz por descubrir el mundo y verse libre de su cautiverio, podría salir corriendo pero vuelve a la caverna a intentar convencer a los otros de que lo que están viendo es una ilusión, que el verdadero mundo está ahí fuera. Pero nadie le cree. Señalan a la pared de la caverna, diciendo que lo que allí ven es todo lo que hay. Él insiste e intenta sacar a alguno por la fuerza para que vean la verdad. Pero al final lo matan y piensan que se había vuelto loco pues está poniendo en tela de juicio todas sus creencias y poniendo en peligro su existencia.

Se dice que el Buda decidió no entrar en el Nirvana sino volver al mundo terrenal, para despertar a otros. También

Sócrates, Jesús, y tantos otros conocedores de la Verdad dedicaron su vida a compartirla, a sabiendas que les podía costar la vida. Es idéntico al mito de la caverna, donde el que se libera, decide entrar de nuevo, por amor, para ayudar a liberarse a sus compañeros. El mensaje de los grandes maestros es el camino o enseñanza que nos permite salir de la ilusión; romper las cadenas del condicionamiento humano y convertirnos en seres libres. Ya que Sócrates, Jesús o Buda, no quieren ser adorados, quieren despertar al resto de la humanidad a la Verdad.

«Si busca persuadir a alguien de que hace mal, actúe bien. Que no le importe si no lo convence. Los hombres creen en lo que ven. Consigamos que vean» Thoreau.

León Tolstói dijo: «Las únicas palabras ásperas, acusatorias e incompasivas que Jesucristo pronunció las dirigió contra los hipócritas y contra la hipocresía. Lo que corrompe, embrutece, brutaliza y, por ello, desune a los hombres no es el robo, el saqueo, el asesinato, la lujuria ni el fraude, sino la mentira, esa mentira especial de la hipocresía que destruye en la conciencia de los hombres la distinción entre el bien y el mal, que les priva de la posibilidad de evitar el mal y de buscar el bien, que les priva de lo que constituye la esencia de la verdad en la vida de la humanidad, una verdad que se encuentra en el camino de cualquier perfeccionamiento del hombre.

Aquellos que ignoran la verdad y hacen el mal, generan compasión hacia sus víctimas y repulsa hacia sus actos, con lo que provocan el mal únicamente sobre quienes lo infringen; pero aquellos que a pesar de conocer la verdad hacen un mal que enmascaran con la hipocresía, provocan el mal sobre sí mismos, sobre quienes lo infringen, y además sobre miles y miles de hombres seducidos por la mentira con la que tratan de enmascarar el mal que generan.

Los ladrones, saqueadores, asesinos y embusteros que cometen actos que tanto ellos mismos como el resto reconocen que son malos, sirven como ejemplo de lo que no hay que hacer, lo que provoca que la gente repudie ese mal. Pero aquellos que cometen esos mismos actos de robo, saqueo, tortura y asesinato, pero los enmascaran con justificaciones religiosas y científico-liberales, como hacen los terratenientes, comerciantes, fabricantes y cualquier servidor gubernamental de nuestro tiempo, incitan al resto a imitar sus actos, y provocan el mal no solo sobre quienes lo infringen, sino también sobre miles y millones de hombres a los que corrompen, porque destruyen ante sus ojos toda distinción entre lo que es el bien y lo que es el mal».

La única manera de influir en los demás es con el ejemplo. Puedes hablar, dar consejos, criticar. Las palabras son muy importantes pero son solo eso, palabras. Si hablas mucho pero luego no haces nada, si no actúas con honestidad, no te van a creer. Sé aquello que predicas, sé el cambio que quieres ver en el mundo, habla menos y haz más. La información está ahí, el que busca encuentra, el que quiere saber lo aprende, quien quiere respuestas hace las preguntas. Jesús terminaba muchas de sus parábolas con la frase: "el que tenga oídos, que oiga". No todo el mundo está preparado para oír y entender las enseñanzas de los maestros, las mismas palabras pueden llevar a un individuo a la comprensión, y a otro, causarle total indiferencia o aversión. Cada persona lleva lo que escucha o lee a su propia experiencia, una misma frase puede tener diferentes interpretaciones, depende del momento en que se encuentra el que escucha o lee. Por eso, hay que intentar escuchar y leer con atención total y una mente exenta de condicionamientos, con la expectación del estudiante, sin pensar que ya lo sabemos y conocemos todo, pues el que cree que conoce todo sobre un tema, es imposible que aprenda nada nuevo.

Como se reunía mucha gente y de todas ciudades venían a Él, les dijo esta parábola: "Salió un sembrador a sembrar su semilla. Al sembrar, una parte cayó a lo largo del camino; fue pisoteada y las aves del cielo se la comieron. Otra cayó en pedregal y, nada más brotar, se secó porque no tenía humedad. Otra cayó entre espinos y, al crecer con ella los espinos, la sofocaron. La otra cayó en tierra buena, y brotó, dando cien veces más". Dicho esto exclamaba: "Quien tenga oídos para oír, que oiga" (Lucas, 8, 4-8).

Confucio propugnó el gran valor del poder del ejemplo. Decía que los gobernantes, solo pueden ser grandes si llevan vidas ejemplares y cumplen los principios morales. Así, los ciudadanos de sus Estados tendrían el necesario estímulo para alcanzar la prosperidad y la felicidad. Intentó infructuosamente inculcar sus pensamientos a los príncipes gobernantes de la época envueltos en luchas y creciente desorden. El confucianismo basado en la buena conducta, la ética, la moral, la tolerancia, el altruismo, la armonía social y el cumplimiento del deber no cuajó en las mentes déspotas de los dirigentes chinos, que en estado de degeneración y decadencia, se aprovechaban de su poder para sublevar al pueblo.

Platón también intentó influir en los dirigentes de Siracusa con su Estado ideal expuesto en "La República" pero casi le cuesta la vida.

A Séneca le ocurrió lo mismo en Roma y prevalecieron las formas de gobernar basadas en prácticas despóticas.

Los dirigentes deberían de ser un ejemplo de moralidad, compasión y entrega. Cuando la clase dirigente está plagada de personas poco fiables, ¿cómo se puede pretender que el pueblo acate las leyes y confíe en el sistema?

«El que influye en el pensamiento de su tiempo, influye en todos los momentos que le siguen. Deja su opinión para la eternidad» Hipatia.

Las personas públicas tienen una responsabilidad enorme. Son el espejo de la sociedad, que busca sus referentes en los artistas, deportistas, escritores, gobernantes, actores o dirigentes religiosos. En los medios de comunicación se muestra cómo personas de dudosa valía profesional y humana se hacen famosos, se vuelven ricos y se rodean de lujos y mujeres bonitas o tíos buenos. Programas como "Sálvame" o "Mujeres, hombres y viceversa" son una pésima influencia para la sociedad, y sobre todo para los jóvenes, que ven cómo explotando su físico y yendo a un programa a decir estupideces pueden obtener la fama. ¿Para qué estudiar y prepararse cuando enseñando carne y haciendo montajes puedes llegar "a lo más alto"? Me temo que si se preguntara a los adolescentes por sus referentes, ganaría por goleada Rafa Mora o Cristiano Ronaldo a figuras ilustres como Gandhi o Nelson Mandela. Con unos referentes que aportaran honestidad y buenas conductas a la población cambiaría la conducta y aspiraciones de la gente. Pero en una sociedad con Donald Trump o Putin como presidentes electos de las mayores potencias del mundo, ¿qué esperamos?

«Yo sola no puedo cambiar el mundo, pero puedo lanzar una piedra a través del agua para crear muchas ondulaciones» Teresa de Calcuta.

Durante mucho tiempo he intentado influir en mi entorno, en cada cena con amigos, en encuentros familiares, al hablar con desconocidos compartía "mis verdades" y mi madre me llegó a llamar "Predicador". Me di cuenta que en la mayoría de ocasiones, todas esas recomendaciones avaladas con mi experiencia no cuajaban en mis interlocutores. Eso me frustraba y no entendía cómo esas cosas tan claras para mí, no lo eran para ellos. Luego me dí cuenta que cada persona estamos en un momento diferente, que quien quiera seguir creyendo que es libre cuando no lo es, es libre de hacerlo, que no puedo cambiar el mundo ni a nadie. Dejé de hablar. Si no me preguntaban o salía el tema me callaba, dejé de querer cambiar a nadie y comencé a aceptar y dedicarme a mis asuntos. Me centré en cambiarme a mí mismo, en buscar los porqués y solo compartirlos en mis conferencias, talleres, libros o cuando alguien me preguntaba. Quien decide leerme o quiere escucharme es porque quiere saber. Y sin decir nada, las personas que me rodeaban empezaron a cambiar, mi mundo comenzó a cambiar. Comenzaron a llegar personas que se convirtieron en mis maestros, con los que podía hablar y me entendían, que me mostraban su visión de la vida, que me acompañaban en este camino. Y muchos de esos familiares y amigos comenzaron a cambiar, cada uno a su ritmo, a su manera, comenzaron a entenderme y a respetarme.

«A través de la paz interior se puede conseguir la paz mundial. Aquí la responsabilidad individual es bastante clara ya que la atmósfera de paz debe ser creada dentro de uno mismo, entonces se podrá crear en la familia y luego en la comunidad» Dalai Lama.

Una mañana de invierno, un hombre que salía a pasear cada día por la playa, se sorprendió al ver miles de estrellas de mar sobre la arena, prácticamente estaba cubierta toda la orilla. Se entristeció al observar el gran desastre, pues sabía que esas estrellas apenas podían vivir unos minutos fuera del agua. Resignado, comenzó a caminar con cuidado de no pisarlas, pensando en lo fugaz que es la vida, en lo rápido que puede acabar todo. A los pocos minutos, distinguió a lo lejos una pequeña figura que se movía velozmente entre la arena y el agua. En un principio pensó que podía tratarse de algún pequeño animal, pero al aproximarse descubrió que, en realidad, era una niña que no paraba de correr de un lado para otro: de la orilla a la arena, de la arena a la orilla. El hombre decidió acercarse un poco más para investigar qué estaba ocurriendo:
—Hola —saludó.
—Hola —le respondió la niña.
—¿Qué haces corriendo de aquí para allá? —le preguntó con curiosidad.
La niña se detuvo durante unos instantes, cogió aire y le miró a los ojos.
—¿No lo ves? —contestó sorprendida—. Estoy devolviendo las estrellas al mar para que no se mueran.
El hombre asintió con lástima.
—Sí, ya lo veo, pero no te das cuenta de que hay miles de estrellas en la arena, por muy rápido que vayas jamás podrás salvarlas a todas... tu esfuerzo no tiene sentido.

La niña se agachó, cogió una estrella que estaba a sus pies y la lanzó con fuerza al mar.
—Para esta sí que ha tenido sentido.

No te preocupes por lo que piensen los demás de ti, no te frustres cuando no te entiendan, no pierdas tu tiempo con personas a las que no interesas y que no te escuchan, hazlo con las que realmente quieren escuchar. Invierte en ti, en tu cambio, porque cuando tú cambias, tu mundo cambia. Conviértete en un ejemplo, sé consecuente con tus pensamientos, palabras y actos. Sé honesto contigo mismo y con los demás. Acepta y sobre todo acéptate, porque entonces sucederá la magia, y aunque solo una persona despierte con tu ejemplo, habrás hecho algo importante.

«No pierdas el tiempo, no intentes cambiar a nadie. No puedes ni siquiera cambiar a las personas que amas... Solo puedes cambiarte a ti mismo» Buda.

BUSCA LA VIRTUD

«No aspiramos a la quimera de la perfección, sino a aquello que es lo mejor posible de acuerdo con la naturaleza del hombre y la naturaleza de la sociedad. (...) La libertad no surge únicamente como acto intelectual, sino también como una actividad de la voluntad: soy libre cuando deseo oponerme a mis pasiones egoístas; estoy esclavizado cuando permito que mi voluntad quede subordinada a la influencia de los deseos inmediatos» Rousseau.

«Si todavía no ves tu propia belleza, haz como el escultor de una estatua que debe llegar a ser bella: quita esto, raspa aquello, empareja tal lugar, limpia tal otro, hasta que hace aparecer el bello rostro de la estatua. De la misma manera, también tú retira todo lo superfluo, endereza lo oblicuo, purificando todo lo tenebroso para volverlo brillante, y no dejes de esculpir tu propia estatua hasta que brille en ti la claridad divina de la virtud» (Plotino. Enéadas).

Buda dijo del camino de la virtud:
Absteneos de todo acto pecaminoso, nocivo,
realizad solo actos piadosos, sanos,
purificad la mente;
esta es la enseñanza de los iluminados.

Buda nos dice que no dañemos a otros, que cualquier acción que perturbe la paz y la armonía, es perjudicial. Nos aconseja que realicemos actos sanos y piadosos, que hagan el bien a los demás.

Buda enseñó el Noble Sendero Óctuple. El sendero se divide en tres partes: *Sila, Samadhi* y *Pañña.* (Extraído de las charlas del curso de meditación Vipassana de S. N. Goenka).

Sila es moralidad, abstención de todo acto malsano, ya sea físico o verbal.

Samadhi es la acción sana de generar maestría sobre la propia mente.

Pañña es el desarrollo de la sabiduría, la visión cabal, que purifica totalmente la mente.

Vamos a hablar de la primera de ellas: *Sila*.
Consta de partes:

Palabra recta: Pureza de la acción verbal. Decir mentiras para dañar a otros, emplear palabras duras para dañar a otros, difamar, calumniar, cotorrear y hablar por hablar. Lo que queda al abstenernos de todas ellas es la palabra recta.

Una historia que refleja esto:

—Maestro, ¿sabes lo que dicen de ti?

—Un momento —dice el maestro—. ¿Ya has pasado por las tres puertas lo que vas a contarme?

—¿Por las tres puertas? —responde el joven— No, ni siquiera sé lo que son las tres puertas.

—¿Estás seguro de que lo que vas a decirme es la verdad?

—Bueno no, yo he oído...

—Pues esta es la primera puerta. ¿Lo que vas a decirme es bueno?

—No, no. En realidad, es un tanto desagradable...

—Pues esta es la segunda puerta. ¿Lo que vas a decirme es útil para alguien?

—No, de hecho... —balbucea confundido el discípulo.

—Esta es la tercera puerta. Y dime: si lo que vas a decirme no sabes si es verdad, no es bueno y no es útil, ¿por qué quieres contármelo, no sería mejor olvidarlo para siempre?

Acción recta: Pureza de la acción física. En el sendero hacia la virtud solo hay un criterio para medir la pureza o impureza de una acción, ya sea física, verbal o mental, y es saber si esa acción ayuda o daña a otros. Matar, robar, violar, cometer adulterio e intoxicarse para así no saber lo que uno está haciendo, todas ellas son acciones que dañan a otros y a uno mismo. Cuando uno se abstiene de cometerlas, lo que queda es la acción recta. Es determinante el estado mental con el que se realiza la acción. Por ejemplo, no es lo mismo si un hombre mata a un animal siendo consciente y haciéndole sufrir, que otro que atropella al mismo animal en la carretera sin darse cuenta.

Sustento recto: Todos deben tener un medio para mantenerse y mantener a los que dependen de él, pero si este medio de vida daña a otros no es sustento recto. Puede que uno no cometa malas acciones para subsistir, pero sí está animando a otros a hacerlo; si es así, uno no está practicando el sustento recto. Por ejemplo, vender drogas, operar una casa de juegos, vender armas o cualquier cosa que dañe a otros. Incluso en profesiones del más alto nivel, si la motivación es la explotación de terceros, la extinción de los medios naturales o el engaño a los demás, entonces uno no está practicando el sustento recto. Si la motivación es cumplir como miembro de la sociedad, contribuir con la capacidad y esfuerzos personales para el bien general y a cambio obtener una justa remuneración con que mantenerse y mantener a quienes dependen de uno, entonces se está practicando el sustento recto.

León Tolstói dice: «Todos somos hermanos, pero aun así cada mañana un hermano o una hermana me vacía el orinal. Todos somos hermanos, pero por la mañana me es imprescindible un puro, azúcar, un espejo y otros objetos en cuya fabricación mis hermanos y hermanas, iguales a mí, han perdido y pierden la salud; sin embargo, yo sigo utilizando tales objetos e incluso los exijo. Todos somos hermanos, pero yo trabajo en un banco, en un comercio o en una tienda para hacer que todos aquellos productos que necesitan mis hermanos sean más caros. Todos somos hermanos, pero yo vivo de un sueldo que percibo por perseguir, juzgar y ejecutar al ladrón o a la prostituta, cuya situación es debida a mi modo de vida, y sé que no habría que castigarlos, sino reformarlos. Todos somos hermanos, pero yo percibo un sueldo por recaudar impuestos de trabajadores pobres para que hombres ociosos y ricos puedan vivir en el lujo. Todos somos hermanos, pero yo percibo un sueldo por predicar un falso cristianismo en el que ni yo mismo creo. Percibo un sueldo en calidad de sacerdote o de obispo por engañar a la gente en el asunto más importante para ellos. Todos somos hermanos, pero cedo a los pobres mi labor pedagógica, médica o literaria únicamente a cambio de dinero. Todos somos hermanos, pero yo percibo un sueldo por adiestrarme en el asesinato, por enseñar a matar, o por fabricar armamento, pólvora, o por construir fortalezas. (…) Todo lo que podemos saber es lo que nosotros, que formamos la humanidad, debemos hacer y no debemos hacer para que venga el reino de Dios. Y esto es algo que todos sabemos. Cuando cada uno de nosotros empiece a hacer lo que debe hacer y deje de hacer lo que no debe, cuando cada uno de nosotros viva con toda la luz que hay en su interior, entonces vendrá el reino de Dios prometido que todo corazón humano anhela».

Un hombre fue a un maestro Zen y le preguntó cuál era la enseñanza clave del budismo. El maestro respondió:
—Hacer el bien y evitar el mal.
—¿Cómo? Eso es tan simple que hasta un niño podría haberlo dicho.
—Es posible que sea así —dijo el sabio maestro—, pero hasta a un niño le cuesta cumplirlo.

No solo en el budismo se recomienda el uso adecuado de la virtud y la moralidad, en la antigua Grecia era objeto de profundos y extensos diálogos, y Platón expuso en "La Republica" las cuatro virtudes cardinales:

Justicia: Es la virtud fundante y perseverante porque solo cuando alguien comprenda la justicia puede conseguir las otras tres virtudes, y cuando alguien posee del todo las cuatro virtudes es la justicia lo que las mantiene todas juntas.

Prudencia: La prudencia viene del ejercicio de la razón.

Fortaleza: Viene de ejercer las emociones o el espíritu.

Templanza: Es dejar que la razón anule los deseos.

Sócrates decía que deberíamos valorar la virtud por encima de todo lo demás, incluyendo la fama y la fortuna. Recomendó que nos esforzáramos en purificar nuestras mentes y conductas a fin de imitar a lo divino, que no se podía llegar a ser un buen filósofo sin tener una moralidad impoluta, haciéndonos así mejores individuos y llegando a la realización de nuestra esencia. Decía: «La buena conciencia es la mejor almohada para dormir». Cuando actuamos con tal pureza, eliminamos las obstrucciones que nos separan de nuestra naturaleza espiritual fundamental. Incluso explicaba que él era pobre porque dedicaba todo su tiempo a cultivar la virtud. Como él era un ejemplo para sus compañeros, les hizo ser mejores. Hay que ser virtuoso no solo para tu beneficio, sino para servir de ejemplo a otros.

Estas son las últimas palabras de el "Fedón": «Este fue el final de nuestro amigo (Sócrates): en nuestra opinión, el mejor hombre de su tiempo que hayamos conocido, y en general el más sabio y el más justo».

En la Biblia también se habla de las cuatro virtudes:
Si amas la justicia, los frutos de la sabiduría son las virtudes, porque ella enseña la templanza y la prudencia, la justicia y la fortaleza, las virtudes más provechosas para los hombres en la vida (Sb, 8, 7)

Jesús compartió que la dicha consiste en caminar hacia la perfección:
"Que la mano izquierda no sepa lo que hace la derecha". "Es dudoso para el reino de Dios aquel hombre que coge un arado y mira hacia atrás". "Sed perfectos, como perfecto es vuestro Padre celestial". "Buscad el reino de Dios y su verdad".

Cristo nos transmite su doctrina teniendo presente que la total perfección es inalcanzable, pero que la aspiración a una perfección absoluta e infinita aumentará sin cesar el bien entre los hombres, y que por ello este bien puede aumentar hasta el infinito.

Jesús nunca rechazó a nadie y siempre estuvo rodeado de los despreciados: enfermos, mendigos, prostitutas... Para Él tiene más valor un pecador que quiere mejorar, que un rico y acomodado que no se mueve de donde está. "De los despreciados será el reino de los cielos". En su doctrina basada en el perdón, en poner la otra mejilla, no hay lugar para reproches y quien va en busca de la virtud será aceptado en el reino de los Cielos.

«Nada es más digno de admiración en un hombre noble que el saber aceptar e imitar las virtudes de los demás» Confucio.

MEDITACIÓN

El maestro Zen Hui Hai dijo:

«¡Sigue esforzándote! ¡Explora esta enseñanza muy detenidamente! Simplemente deja que ocurran las cosas sin dar ninguna respuesta, e impide que tu mente resida en ninguna cosa en absoluto; porque quien puede hacer esto, por este medio entra en el nirvana. Entonces se alcanza la condición del no-renacimiento, también llamada la puerta de la no-dualidad, el fin de la lucha, el *samadhi* de universalidad. ¿Por qué es así? Porque es pureza total... Como las actividades mentales varían, se dan enseñanzas específicas para adecuarse a casos individuales de visiones pervertidas; de ahí la gran variedad de doctrinas. Deberías saber que el establecimiento del principio de liberación en su totalidad equivale únicamente a esto: cuando ocurran las cosas, no respondas. Impide que tu mente se ocupe de ninguna cosa en absoluto. Mantenla siempre aquietada como el vacío absolutamente puro: Y así obtendrás la liberación de manera espontánea».

La segunda parte del Noble Sendero Óctuple es *samadhi*, desarrollo del control sobre la propia mente. Se divide en tres partes:

Esfuerzo recto: La mente siempre está oscilando de un objeto a otro, siempre invadida por pensamientos. Una mente así necesita ejercicio para fortalecerse. Existen cuatro ejercicios para fortalecer la mente: eliminar las malas cualidades que pueda tener, protegerla de las malas cualidades que no tenga, conservar y multiplicar las buenas cualidades que estén presentes en la mente, y abrirla a las buenas cualidades que le falten.

Atención recta: Estar atentos a la realidad del momento presente. En el pasado solo hay recuerdos y en el futuro aspiraciones, imaginaciones, miedos. El momento presente es el único momento real, pero a menudo la mente se dispersa y no está viviendo la experiencia del aquí y ahora. Meditando domamos a nuestra mente y la habituamos a que esté atenta a las sensaciones y experiencias del momento presente.

Concentración recta: La simple concentración no es suficiente. El patrón de comportamiento de la mente es dar vueltas entre el pasado y el futuro generando placer, avidez o rechazo. Tenemos que estar concentrados en el presente sin juzgar, sin posicionarnos, sin expectativas, sin aversión. Solo atentos a las sensaciones de una manera ecuánime.

Los budistas, los filósofos griegos, los místicos cristianos, los sadhus hindúes, los cabalistas judíos, los sufíes, los sabios confucianos, los taoístas chinos, usan la meditación o *samadhi* en su búsqueda del despertar.

Jesús pasó 40 días de retiro y meditación en el desierto. Buda estuvo meditando en el árbol Bodhi hasta experimentar la iluminación. Sócrates meditaba a menudo, son numerosas las veces que se relata cómo se abstraía de todo y de todos para estar a solas, cerrar los ojos y meditar. Este es un fragmento en el "Simposio": «Un día temprano le ocurrió un problema a Sócrates, y se quedó quieto en el lugar para considerarlo. Al no poder resolverlo, no se rindió, sino que se mantuvo allí, rumiando. Hacia mediodía, la gente se dio cuenta de su presencia y comentaban unos a otros atónitos que sócrates llevaba allí, sumido en sus pensamientos, desde primera hora de la mañana. Finalmente, por la noche, después de cenar, algunos ionianos sacaron su cama a la calle para poder descansar al fresco y al mismo tiempo echarle una mirada a Sócrates; querían ver si también pasaba allí toda la noche. Se quedó de pie en el sitio hasta que amaneció y salió el sol. Entonces elevó una oración al sol y se fue».

«La meditación en aislamiento, el estudio de la naturaleza, la contemplación del universo, llevan a un hombre solitario a acercarse incesantemente al creador de las cosas, y a buscar con una dulce inquietud el fin de todo lo que ve y la causa de todo lo que siente» Rousseau.

Héctor Gil García hace esta reflexión: «¿Qué relación existe entre la meditación y el perdón? Podemos establecer muchas conexiones o decir que, en cierto modo, son lo mismo. Entendiendo la actitud meditativa como la observación sin juicio, es como el verdadero perdón, que es "per-donare" es decir, soltarlo todo, darlo totalmente. Soltamos la opinión que forma nuestro ego de cualquier cosa percibida. O, como la percepción es proyección, anulamos la proyección. La meditación es vivir lo que ocurre sin juzgar ni opinar sobre lo que ocurre. Vivenciar el aquí y ahora».

Sócrates dijo en el "Fedón":
«En una ocasión escuché a alguien leer de un libro escrito por Anaxágoras, y afirmar que es la Mente la que produce orden y es la causa de todas las cosas. Esta explicación me gustó. De algún modo, parecía correcto que la Mente sea la causa de todas las cosas».

Los diferentes maestros y ahora también los científicos están de acuerdo en que la mente y los pensamientos crean nuestra realidad, de ahí la importancia de entrenar el control de la mente y purificar los pensamientos. Una mente sana crea una vida sana. Una mente enferma, es la causa, de una vida enferma.

Buda dijo:
«La mente precede a todos los fenómenos,
la mente es lo más importante, todo es hecho por la mente.
Si hablas o actúas con una mente impura,
entonces te seguirá el sufrimiento.
Tal como la rueda sigue la pata del animal de tiro.
Si hablas o actúas con una mente pura,

entonces, te seguirá la felicidad
como sombra que nunca se va».

Le preguntaron a un sabio qué había ganado con la meditación
y contestó: "No he ganado nada, lo he perdido todo".

SABIDURÍA

«El malo lo es por ignorancia y por tanto, se cura de ello con la sabiduría» Sócrates.

Nos falta de hablar de la tercera parte del Noble Sendero Óctuple: *Pañña* (sabiduría). Que se divide en dos partes:

Pensamiento recto: No es necesario que se detenga todo el proceso de pensamiento para empezar a desarrollar la sabiduría. Los pensamientos quedan, pero cambia el patrón del pensamiento. Uno empieza a tener pensamientos sanos y puros.

Comprensión recta: Comprender la realidad tal y como es, y no como parece ser. No dejarse engañar por las apariencias, ni fiarse de los pensamientos. Saber reconocer la verdad.

Se empieza practicando *Sila*, es decir, absteniéndose de hacer daño a los demás; pero aunque no hagamos daño a los demás, uno se hace daño a sí mismo generando impurezas en la mente. Por eso, uno comienza a adiestrarse en el *samadhi*, aprendiendo a controlar la mente y a reprimir las impurezas que hayan surgido. Sin embargo, reprimir las impurezas no las elimina. Permanecen en el inconsciente, allí se multiplican y continúan dañando a uno mismo. De ahí la necesidad del tercer paso, *pañña*: ni dar rienda suelta a las impurezas ni reprimirlas, sino permitir que surjan y que sean erradicadas. Cuando las impurezas son erradicadas, la mente se libera de ellas. Y cuando la mente se ha purificado, sin ningún esfuerzo, uno se abstiene de hacer daño a los demás, ni tampoco, a sí mismo, puesto que, una mente pura está llena de buena voluntad y compasión hacia sí mismo y hacia los demás. Igualmente, sin ningún esfuerzo, uno se abstiene de aquellas acciones que son dañinas. Uno vive una vida sana y feliz. Por lo tanto cada paso del camino debe conducir al siguiente. *Sila* conduce al desarrollo de *samadhi*, concentración recta; *samadhi* conduce al desarrollo de *pañña*, sabiduría que purifica la mente; *pañña* lleva a la liberación de todas las impurezas, al conocimiento de la verdad, la plena iluminación.

Sócrates dijo en el "Fedón" y en "El Banquete":

«—Y la purificación, como vimos hace algún tiempo en nuestros comentarios, consiste en separar el alma lo más posible del cuerpo, y acostumbrarla a retirarse de todo contacto con el cuerpo y concentrarse en sí misma por sí misma; a que habite, en la medida de lo posible, tanto ahora como en el futuro, sola por sí misma, liberada de los grilletes del cuerpo. ¿No es esta la consecuencia?

(…) Y el deseo de liberar el alma se encuentra principalmente, o más bien únicamente, en el verdadero filósofo; de hecho, la ocupación del filósofo consiste precisamente en la liberación y separación del alma del cuerpo. ¿No es así?

—Aparentemente.

—(...) El autocontrol, también, incluso como es entendido en el sentido popular, no dejarse arrastrar por los deseos, preservando una indiferencia decente hacia ellos, ¿no es el autocontrol apropiado únicamente para quienes consideran el cuerpo con la mayor indiferencia y dedican su vida a la filosofía?

—Ciertamente —dijo él.

—(...) Me temo que, desde el punto de vista moral, no es un método correcto el de intercambiar un grado de placer o dolor o miedo por otro, como moneda de distintos valores. Solo hay una divisa por la que deberíamos cambiar todas estas monedas nuestras, y esa es la sabiduría. De hecho, la sabiduría es la que posibilita el coraje, el autocontrol y la integridad o, en una palabra, la verdadera bondad, y la presencia o ausencia de placeres, miedos y otros sentimientos similares no marca ninguna diferencia en absoluto; un sistema de moralidad basado en valores emocionales relativos es una mera ilusión, un concepto absolutamente vulgar que no contiene nada sano ni verdadero. El verdadero ideal moral, tanto de autocontrol como de integridad o coraje, es en realidad una especie de purga de todas estas emociones, y la sabiduría misma es un tipo de purificación... Bien, en mi opinión son simplemente aquellos que han vivido la vida filosófica de la manera correcta; una compañía a la que, a lo largo de toda mi vida, he tratado de unirme por todos los medios, sin dejar de hacer nada para poder conseguir este objetivo. (...) Es apasionado por la sabiduría, no siendo bastante sabio para poseerla ni bastante ignorante para creer que la posee. En general quien es sabio no filosofa. Lo mismo ocurre a los ignorantes; ninguno de ellos filosofa ni desea llegar a ser sabio, porque la ignorancia tiene el enojoso defecto de convencer a los que no son hermosos, ni buenos, ni sabios, de que poseen estas cualidades, y nadie desea las cosas de las que no se cree desprovisto».

Sócrates dedicó su vida a que otros llegaran a obtener sabiduría, y decía que solo se puede obtener la verdadera sabiduría con la comprensión basada en la práctica, la virtud y el autocontrol. De nada sirve ser un erudito, si luego no llevas a la práctica lo aprendido. El hombre a quien el Oráculo de Delfos definió como el más sabio de Atenas, siempre decía que no sabía nada, que simplemente era un individuo en busca de la Verdad, dispuesto a conversar y aprender de los demás.

«No hay nada repartido de modo más equitativo que la razón: todo el mundo está convencido de tener suficiente» Descartes.

O quizá, es que para ser sabio hay que des-aprender más que aprender, quitar más que poner, soltar más que acumular. Que un hombre pobre, con ropas humildes y dispuesto a hablar con cualquiera, fuera el más sabio y el más admirado de la antigua Grecia, nos dice mucho de lo que es la verdadera sabiduría.

«Saber que sabemos lo que sabemos y que no sabemos lo que no sabemos es el verdadero conocimiento» Confucio.

William Bodri dice: «Los verdaderos santos y sabios no son filósofos mundanos que especulan con construcciones mentales, consultan notas a pie de página en los textos o hacen juegos de palabras. Más bien son hombres que dedican su vida a alcanzar una realización directa del supremo, y después intentan llevar esa realización al funcionamiento cotidiano. Debes incorporar lo que logres mediante la experiencia espiritual a tu vida cotidiana, porque el reino convencional y el orden absoluto no pueden seguir siendo entidades separadas. Cuando el individuo alcanza este objetivo, se gana el título de sabio.

El problema es que solo puedes recorrer este camino con éxito y saborear experimentalmente la realización cuando tu mente se vacía de imágenes y conceptos. De otro modo, solo experimentas otra imagen mental del supremo creada por la personalidad, más que al supremo mismo; una fabricación mental más que la fuente. Los sabios no leen sobre el mar y después discuten sobre él; ellos salen, lo saborean y nadan en él para comprobar realmente cómo es».

Cualquier acción que lleves a cabo tiene que pasar primero por la mente. Si has adquirido sabiduría y obras de una manera virtuosa, con consciencia, con compasión y desde el amor. Las consecuencias de esas acciones irán en concordancia con el pensamiento que las precede, una vez que sabes y experimentas esto, tienes mucho cuidado de actuar antes de pasar por el filtro de la sabiduría. Hay veces que se actúa impulsivamente, incluso en ocasiones es hasta necesario por el apremio de la acción, pero cuando dispones de unos segundos para reflexionar sobre las consecuencias de tus pensamientos y de los actos derivados de ellos, la sabiduría adquirida te ayuda a tomar la mejor decisión, para ti y para los demás. Pero no basta con pensarlo o saberlo, tienes que experimentarlo, no te conformes con teorías, con suposiciones, con lo que otros te cuenten... Mójate, métete hasta dentro, vívelo, explóralo, saca tus propias conclusiones y vive en sintonía con ellas.

Cierto día se celebró un concurso para ver qué artista era capaz de reflejar en un cuadro la paz perfecta. Debido a la importancia del mismo acudieron numerosos pintores venidos de distintas partes del mundo. En total se presentaron más de cien obras que intentaban mostrar ese momento perfecto de calma y tranquilidad. Unas mostraban preciosos atardeceres vistos desde una playa o desde la cima de una montaña, en otras se podían encontrar bonitos paisajes inundados por la luz del sol, por las flores o por la nieve. Pero uno de los últimos días llegó una obra un tanto extraña, pues representaba todo lo contrario: era una escena en la que el mar golpeaba con furia las rocas y de las nubes salían varios rayos que llegaban hasta el agua. Todas las obras presentadas se fueron mostrando a un respetado maestro budista que sería el encargado de elegir la ganadora. El problema era que, conforme le llegaban, el maestro las iba rechazando todas.

—Pero... ¿no hay ninguna más, no hay alguna diferente? Todas estas no me sirven.

—No, maestro, ya le hemos traído todas las que se han presentado al concurso... aunque, bueno... en realidad sí que hay otro cuadro pero no se lo hemos traído porque hemos pensado que su autor se ha confundido de temática.

—Bueno, si se ha presentado tengo que darle las mismas oportunidades que al resto, si podéis traerlo...

A los pocos minutos llegaron con la pintura.

—Esta es. Como puede observar representa un escenario totalmente contrario a la paz perfecta.

El maestro comenzó a analizar la obra, la estuvo observando minuciosamente y, de pronto, se le dibujó una sonrisa en el rostro.

—Ya tenemos obra ganadora —exclamó.

—¿Qué? —contestaron todos los presentes confundidos.

—Sí, sí... mirad, mirad ahí, justo en la rama de ese árbol. Observad ese pequeño pájaro que desde su nido observaba tranquilamente la tormenta.

Todos se quedaron sorprendidos al descubrir ese detalle.

—Paz no significa estar en un lugar sin ruidos, sin problemas, sin viento, sin lluvia... Paz significa que a pesar de estar en medio de la tormenta, ese pájaro es capaz de mantenerse sereno y tranquilo. Ese es el verdadero significado de la paz perfecta.

Aquí está el verdadero reto: encontrarse en paz bajo cualquier circunstancia, esa es la prueba de la sabiduría adquirida. Es fácil estar en paz y pensar con lucidez cuando te encuentras en la naturaleza o en soledad, cuando no tienes problemas ni nada que te descentre. Pero esa paz hay que trasladarla a la vida cotidiana, con sus momentos de calma y sus tormentas.

«Algunas personas, gracias a que controlan su mente, apenas se perturban por el fracaso y las circunstancias adversas» Dalai Lama.

QUITAR LOS "DEBERÍA"

«Sartre decía que el hombre es el único ser vivo que es consciente de su propia existencia. Somos individuos libres y debido a nuestra libertad estamos condenados a elegir durante toda la vida. No existen valores o normas eternas por las que nos podamos regir. Por eso resultan tan importantes las elecciones que hacemos, porque somos completamente responsables de todos nuestros actos. Sartre destaca precisamente que el hombre jamás debe eludir la responsabilidad de sus propios actos. Por eso tampoco podemos librarnos de nuestra responsabilidad amparándonos en que "tenemos que ir al trabajo" o que "tenemos que" dejarnos dirigir por ciertas normas burguesas sobre cómo debemos vivir. La persona que, de esta forma, va entrando en la masa anónima, se convierte en un hombre impersonal de esa masa. Él o ella se ha refugiado en la mentira de la vida. Porque la libertad humana nos exige poner algo de nosotros mismos, existir auténticamente» ("El mundo de Sofía").

Hay personas que están cómodas viviendo una vida en la que no tengan que tomar decisiones, seguir a la mayoría es lo más fácil, ser tú mismo entraña riesgos y separarte de la seguridad del rebaño implica responsabilidad.

La sociedad, la familia, el entorno o tú mismo te imponen muchos "deberías", cosas que te sientes obligado a hacer. Observa si esos "deberías" los has elegido tú o te los han impuesto. A menudo hacemos cosas que no queremos hacer por encajar en la sociedad o por complacer a los demás. Como estudiar la carrera de tu padre, ir siempre de vacaciones a la misma playa o devolver favores. La palabra "debería" es muy limitadora y te fuerza a hacer aquello que nombra, creando una sensación de estar obligado a hacerlo. No estás obligado a hacer nada, lo único que se nos pide es vivir. ¿Por qué no cambiar "debería" por "si realmente quisiera, podría..."?

Y si alguna de las cosas que pensabas que deberías, realmente no las quieres hacer, ha llegado el momento de tomar las riendas de tu vida y dejar de hacer lo que no quieres.

Un maharajá que tenía fama de ser muy sabio cumplió cien años. El acontecimiento fue recibido con gran alegría, ya que todos querían mucho a su gobernante. En el palacio se organizó una gran fiesta para aquella noche y fueron invitados poderosos señores del reino y de otros países.

Llegó el día, y una montaña de regalos se amontonó en la entrada del salón, donde el maharajá iba a saludar a sus invitados. Durante la cena, el maharajá pidió a sus sirvientes que separaran los regalos en dos grupos: los que tenían remitente y los que no se sabía quién los había enviado.

A los postres, el maharajá mandó traer todos los regalos en dos montones. Uno de cientos de grandes y costosos regalos, y otro más pequeño, con solo una decena de presentes.

El maharajá empezó a abrir los regalos del primer montón y fue llamando a quien se los había enviado. A cada uno le decía:

—Te agradezco tu regalo, te lo devuelvo y estamos como antes.

Y le devolvía el regalo sin importar qué fuera.

Cuando terminó con el primer montón, se acercó a la segunda montaña de regalos y dijo:

—Estos regalos no tienen remitente. Estos sí los voy a aceptar porque no me obligan a nada y, a mi edad, no es bueno contraer deudas.

¿ERES UNA PERSONA LIBRE?

Estoy casi seguro de que si estás leyendo este libro en algún lugar desarrollado y que tiene un gobierno democrático vas a decir que sí, que eres libre, tienes libertad de expresión, de opinión y de acción. Pero esa sensación de libertad puede ser engañosa, ¿has elegido tú la forma en qué vives?, ¿podrías cambiarla si quisieras?, ¿hasta qué punto estás condicionado por el mundo exterior que te rodea?

Tu libertad termina cuando es otro quien la juzga. Cuando vives en sociedad tiene que haber unas reglas de convivencia, porque tu libertad termina cuando empieza la del otro.

Respondiendo a cuatro preguntas puedes saber hasta qué punto eres libre, dueño de tu vida, de tu tiempo y que la labor que desempeñas contribuye a crear un mundo mejor.

¿Hago lo que quiero hacer?
¿Estoy donde quiero estar?
¿Estoy con quien quiero estar?
¿Lo que hago mejora la vida de los demás?

¿Hago lo que quiero hacer?

«No hay mayor equivocación que consumir la mayor parte de la vida en ganarse el sustento» Thoreau.

En esta sociedad donde vivimos se necesita dinero para subsistir, hay que comprar alimentos, necesitamos ropa y un hogar. En algún lugar remoto viven de lo que la naturaleza les brinda y prescinden del dinero. Nosotros, en cambio, tenemos que comprar casi todo y la única manera de poder adquirir todas esas cosas es con dinero y para conseguir ese dinero tenemos que trabajar. Es muy importante que ese trabajo te llene, sientas que ganas un salario justo, dispongas de tiempo para el ocio y estés a gusto con tus compañeros y clientes. Parece que la vida fuera una guerra y que tuviéramos que luchar para ganar algo, pero no tienes que ganarte la vida, es tuya por derecho. Se necesita trabajar y ganar dinero para tener, como mínimo, las necesidades básicas cubiertas. El trabajar para retener cosas inútiles, endeudarse hasta el punto de perder tu libertad y tener que invertir la mayor parte de tu tiempo en hacer algo que no te gusta, es pagar un precio demasiado elevado.

Hay una historia que nos puede ayudar a comprender esto:

Un ejecutivo estaba de vacaciones en un lugar de costa. Caminaba por el paseo marítimo cuando un barquito pintado de blanco y azul atracaba en el pequeño puerto pesquero. En la quilla del barco unas letras pintadas de negro decían: "vive día a día". El pescador salió con un cesto lleno de peces, llevaba botas de agua, la camisa remangada y lucía una brillante sonrisa.

—¿Ya para de pescar tan temprano? —preguntó el ejecutivo mientras miraba la hora en su Rolex de oro. Eran las dos de la tarde.

El pescador dejó el cubo en el suelo, se secó el sudor con el brazo y miró al ejecutivo.

—Sí. Ya tengo bastante por hoy.

—¿Pero a qué hora ha empezado? —dijo el ejecutivo pensando que llevaría desde la madrugada faenando.

—Cada día me levanto a las ocho con mi mujer y mi hijo, desayunamos juntos, lo llevamos al colegio y me voy a trabajar —miró el cubo rebosante de peces—. Cuando tengo suficiente vuelvo a casa, comemos todos juntos, nos echamos la siesta y luego tenemos toda la tarde para disfrutar.

El ejecutivo se echó las manos a la cabeza e hizo unos cálculos mentales con su mente de empresario de éxito.

—Pero no se da cuenta que si en vez de trabajar solo cuatro o cinco horas trabajara diez, en unos pocos meses podría contratar a otro pescador y hacer doble turno...

—Yo no necesito eso —dijo el pescador.

—Pero no se da cuenta que en un año y haciendo doble turno

podría comprar otro barco.

—Yo no necesito eso...

—Pero no se da cuenta que teniendo dos barcos trabajando a doble turno, al poco tiempo podría tener tres y en unos diez años ¡podría poseer una flota entera!

—¡Pero que yo no necesito nada de eso!

—Pero no se da cuenta que en unos veinte años podría amasar una fortuna, jubilarse en un lugar de costa, levantarse con su mujer, desayunar juntos, pescar por placer un rato todas las mañanas y después tener todo el día para disfrutar...

Demasiadas veces perdemos libertad, hipotecamos nuestro tiempo y nuestra vida para conseguir algo que podemos tenerlo aquí y ahora.

Si puedes aunar ocio con trabajo, si esa labor que desempeñas la harías sin cobrar, ya no tendrás que trabajar ni un día más en tu vida.

Cuando era fontanero iba a gusto a trabajar pero cuando instalaba una caldera o un baño, no decía: "esto es lo mío".

Llevando tres meses viajando por el Sudeste Asiático y cien páginas escritas de mi primera novela, hubo algo que cambió mi vida para siempre. Estaba disfrutando tanto de escribir, de crear algo nuevo, de investigar para la documentación, de ser testigo de cómo los personajes cobraban vida propia y ver cómo la novela iba creciendo. Que un día, mientras escribía en una pequeña cabaña de madera en la selva de Laos, me levanté de mi asiento, se me iluminó la cara y dije:

"Esto es lo mío, a esto quiero dedicar mi vida. ¡Voy a ser escritor!"

¿Has tenido ese día?, ¿sabes qué es lo tuyo? Todos tenemos dones y talentos, a todos se nos da bien algo, da igual lo que sea. ¡Y hay tanto donde elegir! Pero la única manera de dar con ello es probando. Puede que lo más difícil sea saber qué es lo que quieres. Si no lo sabes vas a ir dando tumbos y conformándote con ir tirando, con lo primero que encuentres.

«No hay viento bueno para el que no sabe dónde va» Séneca.

No hay nada que te dé mayor sensación de libertad que el poder decir: "Esto lo hago porque quiero, no por tener que pagar las facturas, ni por complacer a nadie, lo hago porque lo he elegido yo y es lo que siento y me hace feliz". El día que todo el mundo pueda decir eso, dejaremos de ser esclavos para convertirnos en personas libres.

«Tu trabajo es descubrir tu trabajo y luego entregarte a él con todo tu corazón» Tagore.

Pero lo que "hagas" para ganar dinero y poder subsistir no importa, lo importante es lo que "seas" mientras haces eso. Da lo mismo que seas escritor, panadero, trabajes en una cadena de montaje, seas albañil o impartas clases de piano. Cualquier cosa que hagas es igual de lícita si la haces por voluntad propia y eres feliz mientras la ejecutas, si te sientes realizado. Si te centras en dar un servicio a los demás, la gente te va a apreciar por lo que seas independientemente de lo que hagas.

Para saber si eres libre en este sentido, hazte las siguientes preguntas:

¿Hago lo que quiero hacer?
Eso que hago, ¿lo he elegido yo?
¿Me gustaría cambiar lo que hago?

Si trabajas en un trabajo que no te gusta pero lo haces con un fin más elevado, como mantener una familia, comprar ese coche o esa casa que quieres, conseguir dinero para preparar un viaje, puede que hagas algo empujado por las circunstancias, que no veas otra salida, que lo veas como algo provisional, que sea durante unos días, meses o años... pero el tiempo irá pasando y cada vez será más difícil salir de ahí, puede que te acomodes, que te conformes, que lo veas como algo imposible. Puedes cambiarlo tú o puede que te empuje la vida. Muy a menudo no cambiamos hasta que no nos vemos empujados a ello. Esta historia refleja muy bien esto:

Había una vez un Rey que quería casar a su hija con el caballero más valiente del reino. Hizo llamar a todos los hombres solteros y en edad de cortejar a su hija.

Llegaron más de cien caballeros venidos de todas partes del reino. Todos querían desposarse con la princesa, que además de su deseada posición, era una joven muy bella y educada.

El Rey hizo entrar a los aspirantes a una de las estancias más grandes del palacio. Cuando llegaron los valerosos caballeros, vieron al Rey y a su bella hija sentados en los tronos reales al otro lado de un estanque lleno de un agua de color verdoso.

—El caballero que cruce el estanque y llegue hasta esta orilla se casará con mi querida hija y se convertirá en el futuro Rey.

Los caballeros se aproximaron al borde del estanque y vieron asomar las mandíbulas llenas de dientes afilados de decenas de cocodrilos. Varios hicieron mención de echarse al agua pero entonces se acercaba algún cocodrilo que intentaba morderle la pierna. El sonido metálico al chocar las potentes mandíbulas desbarataba cualquier intento. Así estuvieron varios minutos. El Rey se empezaba a impacientar y comenzó a pensar que no encontraría a un verdadero valiente que se jugara la vida por casarse con su hija. Pero algo le hizo levantarse de golpe, un joven caballero saltaba pisando las cabezas de los cocodrilos e iba avanzando hacia la otra orilla. A punto estuvo de caer al agua y ser devorado, pero contra todo pronóstico, consiguió llegar a la orilla donde le esperaba la princesa. Al pisar tierra de nuevo, se tumbó en el suelo exhausto por el esfuerzo mientras todos los caballeros lo vitoreaban asombrados por su valor.

El Rey lo aceptó como su futuro yerno y la princesa estuvo contenta de casarse con un caballero tan valiente.

Cuando terminó la ceremonia pudo hablar con su mejor amigo.

—¿Cómo has sido tan valiente y te has lanzado a cruzar el

estanque si tú no sabes nadar? —le preguntó su amigo que lo conocía bien.

—¡Yo no me he lanzado! —dijo todavía con el miedo en el cuerpo—. Alguien me empujó y no tuve otro remedio.

Demasiado a menudo no cambiamos hasta que no nos queda otro remedio, no lo intentamos hasta que vemos que nos van a morder los cocodrilos, hasta que lo hemos perdido todo, hasta que no tenemos nada que perder.

¿Y si cambiamos antes de llegar a estar en esa tesitura?

¿Y si elegimos lo que queremos porque queremos, no porque no nos queda otro remedio?

He conocido a muchas personas (entre las que me incluyo) que perder su trabajo ha sido lo mejor que le podía pasar, pues gracias a ello y al no tener nada que perder, se han lanzado a la piscina aun sin saber nadar o sin saber qué habría al otro lado. La seguridad de la nómina nos ciega, parece que va a durar siempre, pero mañana mismo te pueden despedir, tu empresa puede cerrar, puedes perderlo todo. Como dice el viejo proverbio sufí: "Lo único que de verdad tienes es aquello que no podrías perder en un naufragio".

¿Estoy donde quiero estar?

El lugar donde vives es crucial para tu felicidad, determina las posibilidades de esparcimiento y de negocio. Has podido nacer o criarte en un lugar, pero no por eso tienes que vivir allí el resto de tu vida. Si por un trabajo has tenido que mudarte a un lugar que detestas, si por casarte con tu pareja tuviste que ir a vivir a su ciudad que odias, si llevas viviendo desde que naciste en un mismo lugar y estás harto de ver siempre lo mismo ¡cambia! Nos cuesta mucho tomar esa decisión, si la situación es insostenible cogeremos nuestras cosas y nos mudaremos de pueblo, ciudad o país, si consideramos que donde vivimos no es el lugar de nuestros sueños pero es lo conocido y lo cómodo, pondremos infinidad de excusas para no dar el paso: ¿Encontraré trabajo en ese otro lugar?, ¿haré amigos?, ¿perderé a las amistades que tengo? Son dudas comunes que nos aferran a nuestra zona de confort. No se puede responder a estas preguntas con seguridad, pero lo que sí que es seguro, es que ese cambio nos hará crecer, conoceremos gente diferente, descubriremos nuevos lugares, nos forzará a abrirnos a experiencias desconocidas para nosotros, y en ese nuevo lugar, podremos valorar con menos condicionamientos qué nos gusta y dónde queremos vivir. A lo mejor nos muestra lo que añoramos nuestro pueblo y, después de unos meses, volvemos con energía fresca y una mirada más objetiva.

También puede pasar que el lugar donde vives no sea el de tus sueños pero te gustan las circunstancias: tu trabajo, el tener cerca a tu familia, tus amigos, las oportunidades de la ciudad. Si esas circunstancias superan al lugar, si estás por voluntad propia y aprovechas los fines de semana y las vacaciones para ir a la montaña, la playa o lo que te guste, puede no ser tan importante donde vivas.

Dani vivía en un pueblo pequeño a las afueras de la capital, sus padres se mudaron allí cuando tenía diez años y para él fue un cambio enorme: cuando vivía en la ciudad, con el tráfico y los peligros de la urbe, no salía a la calle sin sus padres. En el pueblo apenas estaba en casa, se pasaba el día en la calle jugando con sus nuevos amigos, con la bici de aquí para allá, y hacía hasta peña para las fiestas. Le encantaba su vida en el pueblo, se sentía de allí y pensaba que nunca se iría a vivir a otro lugar.

Cuando cumplió los catorce años se creó un club de montaña y unos jóvenes del pueblo, comprometidos y con ganas de enseñar, llevaban a Dani y sus amigos a escalar, descender barrancos y ascender picos en el Pirineo. Dani se enamoró de la desbordante naturaleza, la calidez de los bosques, la verticalidad de las paredes de roca y la pureza de la nieve. Pasó muchos años esperando al fin de semana para subir a las montañas, allí se sentía libre. Su trabajo no le dejaba cambiar de lugar, los montes de su pueblo le parecían áridos y sus lomas eran insignificantes, comparadas con la grandiosidad de las cumbres del Pirineo. Pero un día, lo dejó todo y comenzó a viajar, a conocer selvas, océanos y montañas más altas. Su pueblo cada vez le parecía más pequeño, amaba a sus vecinos, allí tenía a su familia y era lo conocido, lo cómodo. Él no había elegido ese lugar para vivir, habían sido las circunstancias.

Cuando regresó de dar la vuelta al mundo, acababa de cumplir un sueño, había aprendido que no importa dónde estés, ni con quién estés, lo que importa es cómo estés tú; que tus amigos te querrán aunque te encuentres lejos, que si cambias de lugar haces nuevos amigos...

—¿Por qué no cumplir otro sueño? —se dijo.

Y se fue a vivir al lado de un lago, donde confluyen dos grandes ríos del Pirineo, donde los bosques se encuentran al salir de casa y se divisa cómo los primeros rayos de luz iluminan las montañas nevadas.

Seguía amando su pueblo y cada vez que iba, le hacía una ilusión especial y disfrutaba de los amigos y la familia. Pero por primera vez en su vida, había elegido el lugar donde establecerse, se sentía libre y dueño de su destino.

¿Estoy con quien quiero estar?

«No te preocupes si los demás no te aprecian, preocúpate si tú no aprecias a los demás» Confucio.

Somos personas sociables y necesitamos el contacto con familiares, amigos y desconocidos. Es normal que haya altibajos en las relaciones, pero demasiada gente está atrapada en un matrimonio infeliz, convive con personas que no le aportan nada, que no le dejan crecer o incluso le hacen daño.

¿Has elegido tú con quién estás?
¿Disfrutas de la compañía de las personas que te rodean?
¿Te gustaría cambiar de pareja, amigos o personas de tu entorno?

No podemos echar la culpa a los demás, la mayoría de veces la culpa es nuestra, por cómo nos relacionamos con esas personas, por no poner límites, por anteponer lo que piensan y quieren otros a lo que pensamos y queremos nosotros. Esta historia nos muestra algo crucial en nuestra relación con las personas de nuestro entorno.

En la antigua China había una ciudad donde se decía que era el mejor lugar para vivir del reino.

Un joven iba a la ciudad en busca de fortuna. Ya podía divisar la puerta de entrada que cruzaba las murallas de piedra, cuando se cruzó con un anciano sentado en un tocón.

—Anciano, ¿cómo es la gente de este lugar? —le preguntó el joven.

—¿Cómo es la gente de donde vienes? —dijo el anciano.

—Donde vengo la gente es muy mala, todo el mundo se critica, nadie te ayuda y es muy difícil hacer verdaderos amigos.

—Pues... —el anciano se acarició su puntiaguda barba blanca—, ya te puedes ir porque los habitantes de esta ciudad son igual.

El joven deshizo sus pasos cabizbajo en busca de otro lugar donde la gente fuera más amable.

Al poco rato, otro joven se acercaba a la ciudad en busca de fortuna y vio al sabio anciano.

—Anciano, ¿cómo es la gente de este lugar? —le preguntó el joven.

—¿Cómo es la gente de donde vienes? —dijo el anciano.

—La gente de donde vengo... —se paró un segundo a pensar y una sonrisa se dibujó en su cara—, son muy buenas personas, si necesitas algo te ayudan sin dudarlo, comparten sus posesiones y su sabiduría, puedes confiar en ellos y todos somos buenos amigos. Los voy a extrañar mucho.

——Pues... —el anciano se acarició su barba blanca y puntiaguda—, pasa hijo mío, que aquí son todos igual.

Podemos elegir las personas con las que compartir nuestra vida, pero esas personas son un reflejo de lo que somos. El problema no se solucionará cambiando a los demás, seguramente el problema lo tenemos nosotros, el cambio comienza en uno mismo. Cuando tú cambias, el mundo a tu alrededor cambia. Y ya lo decía Gandhi: «Debemos ser el cambio que queremos ver en el mundo».

¿Lo que hago mejora la vida de los demás?

Juan, el panadero, se levantaba mucho antes de que el sol asomara en el horizonte. Se dirigía al obrador caminando por calles oscuras y solitarias, era de los primeros en empezar a trabajar. Le costaba un poco levantarse, pero una vez que se vestía de blanco y ponía las manos en la masa, se le iba el sueño y se centraba en el trabajo, mientras de fondo se escuchaban las coplas y el flamenco de "Radio Olé". Ponía toda su atención e intención en hacer un buen pan, no escatimaba en la calidad de sus productos y además de los ingredientes comunes a un buen pan: harina, levadura, agua, sal... Juan añadía unos que marcaban la diferencia: una pizca de pasión y mucho amor.
Cuando abría la tienda siempre había algún cliente esperando para llevarse el pan y la bollería recién hechos. Los recibía con un caluroso "buenos días" y una gran sonrisa. Tenía clientes que venían cada mañana desde que abriera la panadería hace ya más de veinte años. Su mayor premio era escuchar los elogios de esos clientes fieles y contentos, que aun con las panaderías, supermercados y tiendas de frutos secos que afloraban en los alrededores, donde vendían el pan un poco más barato, seguían valorando la calidad y el trabajo bien hecho.

El propósito de la vida es una vida con propósito. Que lo que hagas sirva para algo, que todo tu esfuerzo y dedicación tenga una repercusión en los demás, que eso por lo que luchas cada día ayude a otros, que después de tu existencia haya un mundo mejor. Si tu principal objetivo es el dinero y los bienes materiales nunca estarás realmente satisfecho, si solo piensas en la gloria y tu beneficio personal te estás perdiendo lo realmente importante y valioso.

Cuando escribo un libro intento que tenga un mensaje, que cuando alguien lo lea le haga pensar y provoque un cambio en su interior. Al vender mis libros por la playa, al contar mi historia, y ver cómo influía en la gente y le infundía un poquito más de confianza descubrí la importancia de esta clave. Sentí que estaba haciendo algo grande, que todo el esfuerzo y sacrificio tenía sentido. Y que también era merecedor de todas las recompensas. Porque cuanto más das, más recibes.

No existe nada que te haga sentir mejor y más realizado que la labor que desempeñas sirva para mejorar la vida de otros.

Hazte estas preguntas:

¿Lo que haces mejora la vida de los demás?
¿Cómo afecta lo que haces en tu comunidad?
¿Cómo podrías mejorar el servicio que prestas?

Todos los trabajos prestan un servicio así que busca qué aporta el tuyo y cuando estés trabajando, céntrate en dar un servicio de calidad, en dar lo mejor de ti, en hacer un poquito mejor la vida de otros.

Y la pregunta: *¿Lo que hago mejora la vida de los demás?* Puede dar sentido a las tres anteriores. Puede que no te guste lo que haces y que pases muchas horas en el trabajo, pero si es para alimentar a tu familia, para pagar ese tratamiento que necesita tu hijo o ahorrar para pagarles los estudios... eso que no te gusta hacer cobra un sentido más elevado; si no estás donde quieres estar porque te gustaría vivir en el mar, pero tu marido tiene allí su empresa familiar, no quieres separarte de tus hijos ya mayores y que viven en la misma ciudad o dejar tu trabajo pues les harías una faena... vivir en ese lugar cobra un sentido más elevado; si no estás con quien quieres estar porque te encuentras cuidando a tu madre que tiene alzheimer, que no te conoce, a veces te pega y te está robando la energía y tu tiempo, pero esa madre te ha dado la vida, te cuidó durante años y quieres acompañarla en los últimos años de su vida pese a la enfermedad... estar con ella cobra un sentido más elevado.

A veces nos toca hacer cosas que no queremos hacer, pero si vas a hacer algo que no quieres que sea por algo, que tenga un sentido más elevado, que tenga una repercusión en tu futuro, que esos sacrificios mejoren la vida de los demás. Hacerlo te aportará tranquilidad, pues sabes que estás haciendo lo correcto; pero nada dura para siempre, esos hijos se harán mayores, ese marido se jubilará y esa madre morirá, llegará el momento en el que tengas la oportunidad de cambio y en tu mano estará el aprovecharla.

Porque, hermanos, habéis sido llamados a la libertad; solo que no toméis de esa libertad pretexto para la carne; antes al contrario, servíos por amor los unos a los otros. Pues toda ley alcanza su plenitud en este solo precepto: "Amarás a tu prójimo como a ti mismo" (Gálatas 5, 13-14).

TRES VERDADES IRREFUTABLES

La mayoría de las cuestiones vitales son discutibles, dependen de quién y cómo las mire, pero estas tres verdades son irrefutables, incuestionables, afectan a todos y a todo, y nos pueden ayudar a dilucidar la Verdad absoluta.

Todo es impermanente – Nos aferramos a nuestras posesiones, a personas, a nuestras creencias, a los sentimientos, a las experiencias... Si son placenteras no queremos que nada cambie, nos apegamos a esas sensaciones de júbilo, amor, placer, paz y nos olvidamos que nada perdura, que todo es efímero y fugaz. Si son desagradables nos generan aversión, dolor, repulsa y son causa de sufrimiento.

Cuando preguntas a alguien qué desea para su vida y te responde que quiere quedarse como está, no se da cuenta que eso es imposible, pues todo cambia a cada momento, y cuando llegue algún cambio inesperado, seguramente le generará sufrimiento pues ya no estará como antes, además esa persona ya no será la misma y habrán cambiado sus necesidades y anhelos.

Dijo Swami Vivekananda: «Cada partícula de este cuerpo está cambiando continuamente; nadie tiene el mismo cuerpo durante muchos minutos seguidos, y sin embargo nosotros pensamos que se trata del mismo cuerpo. Lo mismo ocurre con la mente: un momento es feliz, al siguiente es infeliz; un momento es fuerte, al siguiente es débil: es un torbellino constante de cambio. Eso no puede ser el Espíritu, que es infinito... Cualquier partícula de este universo puede cambiar en relación con cualquier otra partícula. Pero toma todo el universo como uno; entonces, ¿en relación a qué se puede mover? No hay nada más a parte de él. De modo que esta unidad infinita es inmutable, inamovible, absoluta, y éste es el Hombre Real».

Sócrates nos recordó en "El Banquete", usando las palabras de la sacerdotisa Diotima:

«Incluso durante ese período en el que se dice que cualquier ser viviente mantiene su identidad —como a un hombre, por ejemplo, se le llama igual desde la infancia hasta la anciandad—, de hecho no retiene los mismos atributos, aunque se diga que es la misma persona; él siempre está deviniendo un nuevo ser, y pasando por un proceso de pérdida y reparación que afecta a su pelo, a su carne, a sus huesos, a su sangre, y a la totalidad de su cuerpo. Y no solo a su cuerpo, sino también a su alma. El carácter, los hábitos, las opiniones, los deseos, los placeres, los dolores y los miedos de un hombre nunca permanecen constantes; algunos nuevos vienen a la existencia y otros viejos desaparecen».

William Bodri dice que: «independientemente de cómo ajustes tu medición del tiempo, no encontrarás nada que sea absolutamente fijo o inmutable. Asimismo, si reduces la materia a sus mínimos componentes, o si analizas la energía en sus mínimas unidades, tampoco encontrarás nada en absoluto, solo vacío. Aunque esta es una prueba materialista del vacío, nos muestra que no hay nada seguro en este mundo, que es, ciertamente, un sueño intangible. Incluso tu mayor problema personal está destinado a desaparecer, a transformarse en otra cosa. Todo está cambiando constantemente en el universo, que no contiene nada fijo, los fenómenos no pueden describirse como reales. Todo es efímero y no hay absolutamente nada en la existencia efímera en lo que se pueda confiar. (…) Como cambias a cada momento, nunca hay un único "tú" definitivo que pueda ser identificado como real. Puedes intentar apegarte a lo que consideras que eres "tú", pero, como un río que fluye, ya ha partido, pasando a ser otra cosa.

Tu cuerpo es la sustancia de Dios, tus pensamientos son la sustancia de Dios, tus emociones, sensaciones e impulsos son la sustancia de Dios, tu conciencia es la sustancia de Dios, la silla es la sustancia de Dios, el magnetismo es la sustancia de Dios, el Sol es la sustancia de Dios... ¡todo es la sustancia de Dios! La sustancia de Dios es lo real, mientras que todos los demás fenómenos son un despliegue insustancial, escenas vistas en un espejo carente de la realidad última que parece poseer».

Existía, en un país muy lejano, un rey que no era capaz de mantener el equilibrio entre la alegría y la tristeza. Cuando algo bueno le sucedía, no cabía en sí de gozo, lo celebraba por todo lo alto y de forma incluso desmedida; pero, en cambio, cuando algo malo ocurría, se deprimía tanto que podía pasar varios días en cama. Harto de esta situación, prometió mil monedas de oro a aquella persona capaz de fabricar un anillo que le ayudara a tolerar mejor las malas situaciones y a no celebrar de forma tan exagerada las buenas. Un anillo para encontrar el equilibrio en sus emociones. Durante semanas fueron pasando por palacio todo tipo de personas: famosos joyeros, magos, hechiceros, artesanos... Todos ellos le trajeron centenares de anillos distintos: fundidos en oro, en plata, con piedras preciosas, de distintas formas y colores... pero ninguno de ellos era capaz de proporcionar al rey el equilibrio que necesitaba. Cuando habían pasado ya casi dos meses y todos se habían dado por vencidos, llegó al reino un viajero que solicitó audiencia.

—¿Qué deseáis? —le preguntaron los guardias.

—Quiero ver a su majestad, pues tengo el anillo que ha estado buscando durante todo este tiempo.

Extrañados le comunicaron la noticia al rey y este finalmente aceptó. Aquel viajero entró en palacio ante la mirada de todos los cortesanos. Avanzó lentamente hasta el trono y, con una voz suave, dijo:

—Majestad, tengo aquí el anillo que necesita. A mí me ha servido desde hace años para mantener el equilibrio en todo momento. Cada vez que me encontraba muy triste o muy alegre, lo observaba durante unos minutos.

Lentamente se lo quitó para dárselo al rey. Este, nada más cogerlo, se dio cuenta de que era un simple anillo de bronce, sin ningún valor económico aparente y sin ninguna característica especial hasta que, de pronto, se quedó mirando las tres palabras que había escritas en su superficie. Las leyó, sonrió y se lo puso.

—Gracias, viajero, este es justo el anillo que necesito. Y dirigiéndose a todos los cortesanos exclamó. —Este hombre ha traído el anillo que tanto tiempo he estado buscando. Un simple anillo de bronce, un anillo que tiene tres palabras escritas, las mismas tres palabras que quiero que a partir de ahora se incluyan en mi escudo real: "Esto también pasará".

Cuando entiendes en todo su significado que todo es impermanente, poco a poco empiezas a dejar de juzgar, comienzas a aceptar con ecuanimidad tanto las experiencias que antes dabas por "buenas" y las que condenabas como "malas". Te das cuenta que son solo experiencias, intentas sacar partido de ellas y no sufres cuando se van.

Buda enseñaba que la vida era como un río que nunca permanece igual, que siempre está en constante cambio y fluye hacia el mar. El budismo y la mayoría de maestros y místicos recomiendan desprenderse del deseo y el apego, que son la fuente del sufrimiento. Nos hacemos unas ilusiones, formamos unas expectativas, labramos unas creencias basadas en nuestra percepción y nuestros deseos. Pero la vida no nos da lo que queremos, nos da lo que necesitamos para experimentar una serie de vivencias, en nuestra mano está el aceptarlas, transcenderlas y aprender de ellas o resistirnos y luchar contra un enemigo imposible de vencer. La aceptación es vivir sin quejas. Una persona iluminada es una persona que vive con aceptación total. La aceptación es el fruto de la confianza en la vida, saber que todo es impermanente, que sea cual sea la experiencia que estás experimentando no durará, así que no te apegas a ella y dejas que suceda y se vaya.

«Si dejas ir un poco, tendrás un poco de paz. Si dejas ir mucho, tendrás mucha paz. Si dejas ir completamente, tendrás paz completa» Ajahn Chah.

Te vas a morir – La mayor verdad y a la que nadie escapa es que vamos a morir. Puedes tener la creencia que quieras: puedes creer en el paraíso y el infierno, en la reencarnación o no creer en nada... pero lo que está claro, es que en este momento, solo tenemos esta vida y lo que no hagamos, lo que no digamos, experimentemos, lo que no perdonemos, lo que no amemos, se quedará sin hacer. El miedo a la muerte provoca miedo a la vida, a perderla, a no saber vivirla. No nos gusta hablar de ello, lo vemos muy lejano y ajeno a nosotros, hasta que llegados a cierta edad, vemos cerca el día que daremos nuestro último suspiro. Hay una historia de la vida de Buda que nos muestra que nadie escapa a la muerte:

Una mujer estaba desolada por la muerte de su hijo, su único hijo. Ya no se podía hacer nada, pero ella se resistía a aceptar la pérdida. Había oído hablar del hombre al que llamaban el Buda y fue con su hijo en brazos en busca de su ayuda.

—Me han dicho que usted puede hacer milagros —la mujer miró al Buda con los ojos llenos de lágrimas—. Por favor, ayude a mi hijo.

El Buda vio al niño muerto, sabía que su madre estaba sufriendo y sintió una gran compasión.

—Mujer, no llores y deja tu hijo aquí. Haz tan solo una cosa y tu hijo vivirá de nuevo. Vuelve al pueblo y trae un puñado de arroz de una casa donde no se conozca la muerte, ese arroz revivirá a tu hijo.

La mujer regresó al pueblo y fue llamando puerta por puerta a todas las casas, cuando les contaba que necesita arroz para ayudarla todos estaban dispuestos a ofrecérselo pero cuando les preguntaba si en esa casa, en esa familia, nunca había muerto nadie, en todas ellas había muerto un padre, un hermano, una abuela, un hijo. Cuando hubo llamado a cada puerta vio lo que le quería mostrar el Buda y regresó dispuesta a aceptar la muerte de su hijo.

Los grandes maestros no tenían miedo a la muerte. En el juicio por su vida, Sócrates dijo:

«Nunca me someteré equivocadamente a ninguna autoridad por miedo a la muerte, y me negaré a someterme incluso a costa de mi vida. (…) Y voté en contra de la propuesta; y aunque todos vuestros líderes estaban dispuestos a arrestarme y condenarme, y todos vosotros les estabais animando fervientemente, pensé que era mi deber afrontarlo desde el lado de la ley y la justicia, más que daros apoyo por miedo a la prisión o a la muerte, en vuestra decisión equivocada. (…) Una vez más dejé claro, no con mis palabras sino con mis acciones, que la muerte no me importaba en absoluto; pero que me importaba el mundo entero no hacer nada malo ni equivocado. Por más poderoso que era, el gobierno no pudo aterrorizarme ni obligarme a hacer una acción equivocada. (…) Probablemente me habrían ejecutado por ello si el gobierno no hubiera caído poco después». (Y poco después lo ejecutaron).

Hay un hombre que me encanta, por su sabiduría y su vitalidad, el chileno Alejandro Jodorowsky, a sus casi noventa años sigue escribiendo y dando conferencias, en una de sus últimas charlas decía que lo primero que hace cada mañana es dar las gracias por un día más, él es consciente de que cualquier día puede ser el último y aprovecha al máximo esa nueva oportunidad de vivir.

«La calidad, no la longevidad de la vida es lo que es importante» Martin Luther King.

Una enfermedad repentina nos puede abrir los ojos, ver de cerca la muerte nos enseña a amar la vida. A una amiga le detectaron un tumor en el pecho (solo oír la palabra tumor ya da miedo), a esta amiga la operaron y fue todo bien, lo consiguieron expulsar sin quimioterapia, pero me confesó que al volver al trabajo después de tres meses de baja, se había replanteado muchas cosas y que iba a tomarse más tiempo para ella. Era socia del negocio, pensaba que era imprescindible y pasaba muchísimas horas en el trabajo. Estar ausente unos meses y ver que todo seguía funcionando le enseñó que se lo podía tomar con más calma y disfrutar de más de la vida.

Un accidente también se puede convertir en un antes y un después. Estaba escalando en Tailandia, en un lugar llamado Ton Sai, donde las paredes rocosas emergen del mar rodeadas de una frondosa selva. Caí desde 21 metros por un malentendido con el chico que me aseguraba, reboté en una repisa y eso me frenó y me salvó la vida. Pero cuando estaba en el hospital lleno de cortes y golpes por todo el cuerpo, tomé conciencia de que había vuelto a nacer y me prometí que aprovecharía al máximo cada día en esta vida.

Mi gran amigo Lorenzo Delgado dice: "La mayor frustración es reconocer a la hora de morir que aún no has vivido". Es seguro que vamos a morir, por lo menos en este plano de conciencia, en esta vida. Y al final del libro de Tolstói: "La muerte de Iván Ilich" el protagonista se pregunta en el lecho de muerte: "¿Y si toda mi vida fuera un error?" Dicen varias personas que han tenido una experiencia cercana a la muerte, que en el momento de cambiar de consciencia, pasa toda tu vida delante tuya. Cada uno lo habremos hecho lo mejor que hayamos podido, pero a lo que tenemos que aspirar es a que cuando llegue ese momento, sabiendo que ya has gastado todo tu tiempo en este mundo, cuando puedas ver desde una perspectiva más elevada todas tus obras, lo que has experimentado y sentido, cómo tu vida ha influido en los demás, puedas decirte: "He vivido".

Estás vivo – Si estás leyendo esto tumbado en tu cama, en una hamaca en la playa o viajando en el metro, tengo una buena noticia: ¡Estás vivo o viva! ¡Tienes una vida humana! La sangre fluye por tus venas, el aire entra y sale de tus pulmones, tienes un cuerpo físico y una mente. Y, ¡puedes hacer con ello lo que tú desees! Tienes un mundo con posibilidades infinitas para descubrir, hay más de 7.000 millones de personas a las que puedes conocer, infinidad de animales y seres vivos compartiendo esta experiencia contigo, un montón de cosas que aprender y que compartir.

Así que estás en posesión del mayor regalo que puedas tener y lo único que realmente te pertenece: tu vida. Como hemos visto antes, todo es impermanente, las personas llegarán y se irán, los trabajos cambiarán, el dinero irá y vendrá, los objetos materiales se deteriorarán y habrá que tirarlos, tus creencias y pensamientos también cambiarán y tu vida humana, antes o después, perecerá. Pero mientras estés en este plano de consciencia, mientras quede una brizna de vida en tu cuerpo físico, tienes la oportunidad de vivir esta experiencia, así que ¡vívela!

Estoy casi seguro que hay algo más, que tenemos un alma, un yo superior, algo que no se puede destruir y que está conectado con el todo, con Dios, con el mundo de las ideas, con el Tao. La mayoría de los Maestros creen en ello, hablan y especulan sobre ello, pero no podemos asegurar al cien por cien que exista. Lo que sí existe eres tú, aquí y ahora, en este momento. Muchas fuentes aseguran que esto es maya, que es una ilusión, que es una creación del ego, que es posible la iluminación, que existe el Reino de los Cielos. Si esto es una ilusión, ¿por qué no hacer que esta ilusión sea lo más placentera posible?, ¿por qué no centrarse en ser feliz y hacer feliz a los demás?, ¿por qué no tener una vida virtuosa, llena de experiencias, vivida con amor y sabiduría?

La vida es inevitable. ¡Qué verdad más arrolladora y sublime! La vida, por mucho que pienses en ella, en cómo debería ser, aunque te empeñes en cambiarla, en entorpecerla, en ponerle trabas, en no aprovecharla... es inevitable. John Lennon decía que: «la vida es lo que te sucede mientras estás haciendo otros planes». La vida seguirá su curso, el transcurso de las cosas continuará indefinidamente, no importa que seas consciente o no, estés de acuerdo o no, que contribuyas o no, que te beneficie o no, que lo aceptes o no... la vida siempre gana. La Verdad os hará libres, pero aunque conozcas, abraces, ignores o repudies la Verdad seguirás formando parte de la vida, y mientras sigas respirando, cada suspiro contendrá un halo de libertad. Abandónate a la vida, ella sabe lo que hace, ¿acaso los pájaros no encuentran cada día agua, alimento y una rama protegida donde pasar la noche? Y si lo hacen los pájaros, ¿no lo vas a hacer tú? Sí, ya sé que todos los días muere algún pájaro de sed, hambre o frío, que en la vida existen el sufrimiento y el dolor, ¿pero eso es bueno o malo? ¿Qué te da más miedo, morir o vivir? Se habla mucho del miedo a la muerte, pero ¿qué pasa con el miedo a la vida, el miedo a no ser suficiente, a no ser merecedor, el miedo a no ser libre, el miedo a tener miedo? ¿Si la vida es inevitable (y la muerte también) por qué tener miedo? ¿Si por mucho que te resistas, que no la aceptes, la vida es inevitable, por qué sufrir por lo que pueda pasar? Cuando pasa algo quiere decir que estás vivo, o sea, que el único momento donde no pasará nada será cuando mueras. ¿Estás vivo? ¡Pues vive! ¿Y a quién pertenece esa vida que tienes?, ¿a tu país, a tu gobierno, a tu religión, a tu empresa, a tu familia, a tus amigos? ¿Ellos van a vivir tu vida o lo harás tú? ¿Vas a dejar que los convencionalismos, las leyes o los rasgos de tu cultura decidan por ti? ¿Cuántas horas de tu vida vas a ofrecer a causas en las que no crees? ¿Cuántas horas de tu vida vas a entregar a personas que no quieres? Solo tienes una vida, esta vida, y eres libre de hacer con ella lo que quieras...

«Pues del mismo modo en que el material del carpintero es la madera, y el del escultor, el bronce, el objeto del arte de vivir es la propia vida de cada cual» Epicteto.

Despedimos el capítulo con un precioso poema de la Madre Teresa de Calcuta:

La vida es una oportunidad; aprovéchala.
La vida es belleza; admírala.
La vida es beatitud; saboréala.
La vida es sueño; hazlo realidad.
La vida es un reto; afróntalo.
La vida es un deber; cúmplelo.
La vida es un juego; juégalo.
La vida es preciosa; cuídala.
La vida es riqueza; consérvala.

La vida es amor; gózala.
La vida es misterio; desvélalo.
La vida es promesa; cúmplela.
La vida es tristeza; supérala.
La vida es himno; cántalo.
La vida es combate; acéptalo.
La vida es una tragedia; domínala.
La vida es aventura; arrástrala.
La vida es felicidad; merécela.
La vida es la vida; defiéndela.

(Nota edición del año 2025)

¡He encontrado una cuarta verdad!

Tienes que pagar impuestos – Esta es una realidad a la que no se escapa absolutamente nadie, desde el día en que naces hasta que des tu último respiro: pagarás impuestos (directos o indirectos) cada día de tu vida.

APROVECHA TU TIEMPO

A veces nos parece que vamos a vivir para siempre y dejamos pasar los días sin aprovechar nuestro tiempo en cosas enriquecedoras, que nos hagan felices a nosotros o a los demás. El tiempo es el bien más valioso y escaso que tenemos, se puede conseguir casi cualquier cosa menos tiempo.

Ismael era el hombre más rico de la ciudad, la mitad de los pisos que se alquilaban eran de su propiedad, tenía tantos coches que cada día del mes su chófer lo llevaba con uno distinto y un helicóptero con el logotipo de su empresa descansaba en la azotea del rascacielos donde estaba su despacho. No tenía pareja, hijos, aficiones, ni siquiera, verdaderos amigos. Su vida era la empresa, el poder y ver cómo iba creciendo su fortuna. Alardeaba que podía comprar cualquier cosa, "el dinero lo puede todo" se decía. Y por comprar, compraba hasta el silencio de sus enemigos, la cooperación en los negocios y hasta el sexo con mujeres bonitas.

El día que cumplió cincuenta años, después de la fiesta que celebró con la gente importante de la ciudad, enfermó. Fue al mejor médico privado de la ciudad, tenía una habitación más grande que la mayoría de los pisos que alquilaba, tres médicos y cinco enfermeras para atenderle, y todos los adelantos que la ciencia de la medicina podía ofrecer.

Después de hacerle todas las pruebas posibles, los tres médicos entraron en su habitación con caras largas, se notaba que ninguno quería hablar.

—¿Qué es lo que tengo? —preguntó Ismael ansioso.

Los médicos se miraron, y por fin, habló el más mayor de los tres.

—Tiene una enfermedad incurable.

—¡¿Qué?! —exclamó el enfermo—. Tengo el dinero para cualquier tratamiento. ¿Cuánto necesitan?

—No es cuestión de dinero —el doctor tragó saliva—, hay muy pocos casos de su enfermedad en el mundo y todavía no hay cura.

—¿Cuánto tiempo me queda?

—Un mes como mucho —dijo mirando al suelo.

—¡Es imposible! ¡Sois vosotros los ineptos! —se incorporó de la cama—. Quiero que todos los científicos, los médicos y los químicos de la ciudad se pongan a trabajar en buscar la cura de la enfermedad. Pagaré 10 millones al que la encuentre.

Los médicos y los asistentes del rico recorrieron la ciudad, todos los laboratorios se pusieron a trabajar en la cura día y noche. Pero pasaban los días y esa cura no llegaba. Ismael se encontraba cada vez peor y veía cómo se le escapaba la vida en cada suspiro.

—Daré 20 millones a quien me consiga un año más de vida —dijo a sus asistentes.

La noticia llegó a todo el país y los laboratorios se pusieron a trabajar, comenzaron a ir al hospital curanderos, brujas y chamanes. Todos probaban con él sus conjuros, pociones y técnicas milenarias, pero ninguna funcionaba.

Cuando habían pasado treinta días desde que se detectó su enfermedad, Ismael estaba desesperado, no quería dejar su fortuna a nadie, no tenía amigos y despreciaba a su familia. Se moría, cada vez le costaba más respirar.

Un monje que sabía que iba a morir solo y había sentido compasión por él, llegó y se sentó a su lado, le cogió la mano y le sonrió. Ismael fue consciente de la sabiduría que tenía ese monje y le dijo con dificultad:

—Te doy toda mi fortuna, toda entera, si me consigues un minuto más de vida.

El monje le acarició la cara, miró sus ojos vidriosos y le dijo:

—El dinero lo puede comprar todo menos el tiempo y el amor verdadero —hizo una pequeña pausa mientras corrían las lágrimas por las mejillas de Ismael—, tu tiempo se acaba, así, que úsalo con verdadero amor.

Ismael miró al techo, parecía que iba a dar el último suspiro, *cogió una bocanada de aire y dijo a sus asistentes:*

—Quiero que toda mi fortuna sirva para encontrar la cura de las enfermedades raras.

Se giró, cerró los ojos y murió.

Se abrieron hospitales y laboratorios en su memoria, se encontraron nuevos tratamientos para las enfermedades raras, y con ello, su legado y su nombre se hizo inmortal.

Me encuentro con personas que dicen: "no tengo tiempo para nada" y otras que "no saben qué hacer con su tiempo", no sabría cuál es peor de las dos. Vamos a ver las posibles razones de estos casos.

"No tengo tiempo para nada". La enfermedad del siglo XXI es el estrés. Tenemos el día lleno de obligaciones y una lista demasiado larga de cosas que hacer. Parece que se nos escapa el tiempo y pasa un día tras otro sin poder sacar unos minutos para nosotros. Vamos siempre con prisa aunque no la tengamos. Incluso cuando viajo, muchas veces me encuentro con personas que pierden los nervios por esperar unos minutos, ¡pero si estás de vacaciones!

En Asia van a otro ritmo y es raro que se cumplan los horarios, recuerdo un viaje en barco por el río Mekong donde la salida se retrasó una hora, estábamos todos los pasajeros sentados en los bancos de madera del barco esperando que los trabajadores terminaran de cargarlo todo y una mujer del norte de Europa de unos cincuenta años, resoplaba, hacía aspavientos y no paraba de quejarse. ¿De qué sirve estresarse de esa manera? Lo que iba a ser un viaje placentero disfrutando de la vida del río, para esa mujer, se convirtió en una mala experiencia. Cuando ofrezco mis libros a la gente con la pregunta: "¿te gusta leer?" Una de las respuestas que más me repiten es: "no tengo tiempo para leer". Lo dicen con un convencimiento total. A lo mejor no saben que me están mintiendo, que se están mintiendo a sí mismos... La respuesta adecuada sería: "me gusta leer, pero prefiero invertir mi tiempo en otras cosas". Si quieres leer te quitas el tiempo de otras actividades. Es como cuando hago una charla o un taller, la gente te puede poner mil excusas, pero a no ser que justo ese día se pongan enfermos o ocurra un imprevisto, si quieren ir van, el que quiere algo encuentra la manera de hacerlo, deja a los niños con alguien, coge un día de fiesta o hace lo que sea necesario. Si no vas a un evento que está programado con días o semanas de antelación, no te engañes diciéndote que no puedes, es que no quieres ir lo suficiente. Y si realmente no puedes sacar una hora, una mañana o un día para hacer algo que realmente te interesa, lo siento pero tienes un problema.

"No sé qué hacer con mi tiempo". Si tienes mucho tiempo libre y no sabes cómo usarlo o lo empleas en cosas poco enriquecedoras tendrás la sensación de que estás perdiendo el tiempo. Me apena encontrarme con personas que dicen que se aburren. Con la infinidad de cosas para ver, descubrir, aprender, investigar, divertirse... ¡es imposible aburrirse! A esas personas lo que les ocurre es que no han encontrado lo que les apasiona, no han dado con algo que les llene y les haga querer practicar para mejorar sus habilidades. Cuando tienes una pasión aprovechas cualquier momento para invertir tu tiempo en ello, puede ser tu hobby o tu trabajo, pero cuando has dado con eso que te impulsa a querer superarte, nunca más te aburrirás, dejarás de no saber qué hacer con tu tiempo pues sabrás invertirlo en algo que te hace feliz y te ayuda a sentirte realizado.

Ya lo decía Platón en sus Diálogos hace 2.400 años:

«Cada uno se consagra con placer a las cosas para las cuales muestra más talento, a las que dedica la mayor parte del día en su afán de superarse a sí mismo».

El día tiene 24 horas y eso es igual para todos. Cada uno tenemos nuestras propias actividades donde invertimos el tiempo, pero esto nos puede servir de ejemplo:

Dormir. Al día solemos invertir entre 6 y 8 horas.
Trabajar. Unas 8 horas.

Pareja. Pasamos tiempo con él o ella.

Hijos. Si los tenemos ocupan parte de nuestro tiempo.

Amigos. Podemos verlos, llamar o usar el whatsApp.

Mascotas. Requieren unos cuidados y tiempo.

Limpieza. De tu cuerpo y tu hogar.

Desplazamientos. Se nos va mucho tiempo en la carretera.

Deporte. Te ayuda a mantenerte en forma.

Pensar en problemas. A veces nos quitan horas de sueño.

Móvil. Cada vez pasamos más tiempo en las redes sociales.

Televisión. Es tiempo pasivo sentado en el sofá.

Meditar. Tomarte un tiempo en silencio.

Leer. Es tiempo de aprender y crecer.

No hacer nada. Eso también nos roba tiempo.

Normalmente es durmiendo y en el trabajo donde más tiempo pasamos, unas 16 horas. Tengo una mala noticia: ¡Solo nos quedan 8 horas para todo lo demás! Además de tener el tiempo limitado, nuestra energía también es limitada. Así que si hemos tenido una jornada de trabajo extenuante, no nos quedarán muchas energías para lo demás. Tenemos que convertirnos en los dueños de nuestro tiempo y aprender a priorizar. ¿Qué actividades son las más importantes? ¿Cómo puedo ganar algunos minutos extra? ¿Qué actividades me gustaría incluir en mi día? No tenemos tiempo para todo, el tiempo y la energía es la que es, si queremos hacer algo tendremos que quitar tiempo y energía a otra cosa. También podemos aprovechar esos tiempos de espera o mientras hacemos alguna actividad que no requiera demasiada atención para hacer cosas más productivas. Por ejemplo, mientras conducimos, limpiamos en casa o cocinamos podemos escuchar audiolibros o charlas que nos ayuden a crecer, en YouTube o Ivoox podemos encontrar mucho material. O mientras esperamos en una cola podemos mandar ese correo tan importante o aprovechar a leer unas páginas. Una de las cosas que nos pueden ayudar a ser más eficientes con nuestro tiempo, sobre todo para inculcar esos hábitos saludables que tanto nos gustaría tener, es madrugar más. Levantándonos una hora antes, tenemos 60 minutos para invertir en meditar, hacer ejercicio o estudiar. Y al hacerlo al empezar el día nos aseguramos de llevarlo a cabo, pues si nuestra intención es hacerlo por la noche, después de un duro día, lo más probable es que no tengamos energía y lo dejemos para mañana. Además, si te levantas con tiempo de sobra no vas desde primera hora con prisa y con esa sensación de que se te escapa el tiempo.

EL CAMINO MEDIO

«La verdad está en el centro del péndulo, no en la extrema derecha ni tampoco en la extrema izquierda» Samael Aun Weor.

Siddhartha Gautama, cuando todavía no se había convertido en el Buda, en el Iluminado, probó muchas maneras de librarse del sufrimiento, se hizo un asceta y pasó días enteros sin comer y beber, llevó su cuerpo a límites insanos y se dio cuenta de que los extremos eran malos. Dio con uno de los pilares de su filosofía: el camino medio. "En el camino medio se encuentra la virtud", decía.

Huye de los extremos: No es lo mismo beberse una copa de vino que toda la botella. Porque un día salgas con tus amigos, porque un día te levantes tarde, porque comas dulces, porque te quedes tirado en el sofá, porque veas la tele... no pasa nada. Lo malo es cuando se convierte en un hábito, cuando sobrepasa la línea que existe entre los polos opuestos, la que separa la moderación del exceso.

Busca el equilibrio: "Tanto es arriba como es abajo", dice el Kybalión de Hermes Trismegisto, uno de los primeros maestros en el antiguo Egipto. Si lo que es arriba es abajo, en ese punto medio está el equilibrio.

No te obsesiones: Buscar algo con demasiado ahínco, que tu felicidad dependa de conseguir o no algo, que toda tu vida gire en torno a una sola cosa, puede ser trabajo, hobby o relación. Puede pasar que si la pierdes se desmorone todo tu ser, que tu vida pierda sentido e incluso que desees dejar este mundo. Nada dura para siempre, todo cambia, tienes que centrarte en tus objetivos sin que te vaya la vida en ellos. Tener sueños y metas te hacen moverte, pasar a la acción. Buda recomienda dejar de tener aspiraciones para que cese el sufrimiento, para llegar a la Iluminación. Pero a no ser que te aísles en la naturaleza o te enclaustres en un monasterio, es muy difícil no desear nada. La pregunta es: ¿quieres llegar a la Iluminación en esta vida? Si esa es tu meta, cierra el libro, rápate el pelo y vete a un lugar apartado (debajo de un árbol funciona mejor) a meditar y hasta que no lo consigas no te levantes.

Sucedió que, un día, en las puertas del cielo, se reunieron unos cuantos cientos de almas, que eran las que anidaban en los hombres y mujeres que habían muerto ese día.

San Pedro, supuesto guardián de las puertas de entrada al Paraíso, ordenaba el tráfico.

—Por indicación del "jefe" vamos a formar tres grandes grupos de huéspedes a partir de la observación de los diez mandamientos.

El primer grupo, con aquellos que hayan violado todos los mandamientos por lo menos una vez.

El segundo grupo, con aquellos que hayan violado por lo menos uno de los diez mandamientos una vez.

Y, el último grupo, que suponemos que será el más numeroso, con aquellos que jamás en su vida hayan violado ninguno de los diez mandamientos.

Bien —siguió San Pedro—. Los que hayan violado todos los mandamientos, pónganse a la derecha.

Más de la mitad de las almas se puso a la derecha.

—Ahora —exclamó—, de los que quedan, aquellos que hayan violado alguno de los mandamientos pónganse a la izquierda.

Todas las almas que quedaban se desplazaron a la izquierda. Bueno, casi todas...

De hecho, todas menos una.

Quedó en el centro un alma que había sido un buen hombre. Durante toda su vida había recorrido el camino de los buenos sentimientos, de los buenos pensamientos y de las buenas acciones.

San Pedro se sorprendió. Solamente un alma quedaba en el

grupo de las mejores almas.

De inmediato, llamó a Dios para notificárselo.

—Mira, el asunto es así: si seguimos el plan original, ese pobre hombre que se ha quedado en el centro, en lugar de beneficiarse por su beatitud, se va a aburrir como una ostra en la soledad más extrema. Me parece que tendríamos que hacer algo al respecto.

Dios se levantó ante el grupo y dijo:

—Aquellos que se arrepientan ahora, serán perdonados, y sus fallos olvidados. Los que se arrepientan pueden volver a unirse en el centro, con las almas puras e inmaculadas.

Poco a poco, todos empezaron a moverse hacia el centro.

—¡Alto! ¡Injusticia! ¡Traición! —gritó una voz. Era la voz del que no había pecado—. ¡Así no vale! Si me hubieran avisado de que iban a perdonar, no hubiera desperdiciado mi vida...

Si quieres ir creciendo poco a poco, seguir disfrutando de tu familia y de los placeres de la vida, eso conlleva seguir teniendo deseos, seguir cometiendo errores. La clave: disfrutar del camino y ser flexible.

Cuando conseguí culminar el proyecto "Escribiendo el mundo. 3 años. 3 viajes. 3 libros" tenía 35 años, con esa edad había cumplido mi sueño, eso por lo que había peleado durante tanto tiempo ya era pasado. No hubo fuegos artificiales ni una experiencia mística, seguía todo igual. Sentí un vacío enorme, estuve unas semanas deprimido, falto de un objetivo. Aquí aprendí algo valioso: los sueños se pueden conseguir o no, eso no es lo importante, lo realmente importante es el camino, es lo que aprendes, experimentas, la gente que conoces, la sabiduría que extraes. Sin una meta puedes caer en la apatía y la falta de motivación. Ten algo por lo que vivir, pero que no te importe demasiado el conseguirlo. Disfruta y valora cada paso que des aunque sea hacia atrás.

Sé flexible: ¿Qué es más difícil romper, un palo rígido y duro o uno flexible y más blando? El moldearte a la situación y ser flexible te infundirá fuerza. Ya hemos visto que todo es impermanente, así que lo que piensas y quieres hoy, no tiene por qué ser lo que piensas y quieres mañana.

Fluye con la vida: A lo mejor hay algo maravilloso que está por venir y tú, con tus planes y tus objetivos, no lo estás dejando llegar. Déjate llevar, no quieras tenerlo todo controlado, confía en la vida y sigue tus instintos.

No temas cambiar de opinión: Eres un ser humano, eres imperfecto y te vas a equivocar. Asume esto, y si te das cuenta que te estás desviando del camino, que eso que hace un tiempo te importaba tanto ya no lo hace, que te estás estancando, que te encuentras atrapado por una promesa, por no hacer daño a alguien, por no parecer una persona seria... Las circunstancias cambian, las personas cambian, los objetivos cambian, los sueños cambian; no tengas miedo a cambiar, es difícil acertar a la primera. Hacer algo sabiendo que no es lo correcto, que no es lo que quieres, solo porque te comprometiste a ello, es ser esclavo de las promesas. Cada vez que prometemos algo estamos mintiendo, pues no sabemos con certeza, si lo podremos llevar a cabo.

Intento ser una persona de palabra y cumplir mis promesas. Antes, si me comprometía a hacer algo, si quedaba con alguien o esperaban algo de mí, ya podía estar enfermo o que pasara lo que sea, que siempre cumplía. Ahora soy más flexible. Comencé un nuevo proyecto: recorrer las 50 provincias españolas con mi furgoneta, dando a conocer los lugares visitados en mi web, haciendo charlas y vendiendo libros allí donde fuera. Comencé con muchas ganas e ilusión. En cuatro meses había recorrido 16 provincias, pero eso me hacía estar mucho tiempo separado de mi familia, estaba viviendo en el Pirineo, en un lugar que me encantaba y cuando me iba estaba deseando volver. Decidí dejarlo. Ya no estaba disfrutando y como no tenía ningún patrocinador podía hacer lo que quisiera. Me debo a las personas que me siguen y compran mis libros, me había comprometido con ellos, pero hacer algo que ya no quería solo por no quedar mal, me pareció que era dar demasiado. Así que lo hice público y esa gente lo entendió (creo), pues las cosas cambian y yo ya no era el mismo que el día que decidí emprender ese proyecto. Cada vez me importa menos lo que piensen los demás, valoro su opinión y agradezco el interés que alguien pueda tener en mí y en mi trabajo, pero yo soy quien toma las decisiones. No se puede agradar a todo el mundo.

PERDÓN

«Antes de embarcar en un viaje de venganza, cava dos tumbas» Confucio.

Buda decía: «En verdad que vivimos felices, si nos guardamos de afligir a quienes nos afligen. Si, viviendo entre hombres que nos afligen, nos abstenemos de afligirnos».

Jesús nos dio la mayor muestra de lo que es el perdón cuando al ser crucificado dijo: "Perdónalos porque no saben lo que hacen". Y una de sus mayores enseñanzas fue invitar a perdonar incluso a tus enemigos:

Pero yo os digo a los que me escucháis: Amad a vuestros enemigos, haced bien a los que os odien, bendecid a los que os maldigan, rogad por los que os difamen. Al que te hiera en una mejilla, preséntale también la otra; y al que te quite el manto, no le niegues la túnica. A todo el que te pida, da, y al que tome lo tuyo, no se lo reclames. Y lo que queráis que os hagan los hombres, hacédselo vosotros igualmente. Si amáis a los que os aman, ¿qué mérito tenéis? Pues también los pecadores aman a los que les aman. Si hacéis bien a los que os lo hacen a vosotros, ¿qué mérito tenéis? ¡También los pecadores hacen otro tanto! Si prestáis a aquellos de quienes esperáis recibir, ¿qué mérito tenéis? También los pecadores prestan a los pecadores para recibir lo correspondiente. Más bien, amad a vuestros enemigos; haced el bien, y prestad sin esperar nada a cambio; y vuestra recompensa será grande (Lucas 6, 27-35).

Sócrates expuso en sus diálogos la importancia de no devolver el mal con el mal, que es mejor sufrir una injusticia que cometerla. Y lo demostró hasta el día de su muerte cuando al tomar la copa envenenada, bendice al hombre que se la ofrece llorando.

Thoreau basó su "Desobediencia civil" en el incumplimiento de las leyes sin usar la violencia.

Gandhi y Luter King promulgaron la no-violencia y el perdón para lograr sus objetivos.

Mandela dio una lección del verdadero perdón al conseguir que la población negra de Sudáfrica no tomara represalias contra sus antiguos opresores.

El Dalai Lama expone la importancia de la compasión y la lleva al extremo al perdonar a los invasores chinos.

El perdón es el acto más sanador y liberador que se puede ofrecer. Perdonar al que ha obrado mal: al ladrón, al asesino, al violador, al mentiroso... es ponerte en su lugar. En sus mismas circunstancias, con su misma educación, con sus mismas experiencias. Tú hubieras hecho lo mismo.

«El perdón es una decisión, no un sentimiento, porque cuando perdonamos no sentimos más la ofensa, no sentimos más rencor. Perdona, que perdonando tendrás en paz tu alma y la tendrá el que te ofendió» Teresa de Calcuta.

Cuando conectas con la manera de pensar de Socrátes y crees que es mejor sufrir una injusticia que cometerla. Cuando sigues las indicaciones de Jesús y pones la otra mejilla. Cuando actúas siguiendo las bases de la no-violencia, que conlleva no ejercer ningún tipo de violencia, ni verbal, ni física, ni siquiera de pensamiento. Si llegas a conseguir ese estado de no juzgar ni condenar a nadie, ni siquiera al asesino de tu ser más querido. Entonces nada ni nadie puede alterar tu paz. ¿Te imaginas un mundo así? Donde desapareciera el ojo por ojo. No se puede arreglar nada con lo que lo causa. No se puede erradicar la violencia con más violencia. ¿Qué es algo muy difícil? ¡Claro que es difícil! Nos han educado desde el castigo, el que la hace la paga, a cada cerdo le llega su San Martín. Pero los maestros nos muestran que hay que hacer lo contrario. Con sus palabras, y sobre todo, con sus actos.

En la parábola del hijo pródigo Jesús nos muestra el verdadero perdón:

En aquel tiempo, se acercaban a Jesús todos los publicanos y los pecadores para oírle. Y los fariseos y los escribas murmuraban, diciendo: Éste acoge a los pecadores y come con ellos. Jesús les dijo esta parábola: Un hombre tenía dos hijos; y el menor de ellos dijo al padre: "Padre, dame la parte de la herencia que me corresponde". Y él les repartió la herencia. Pocos días después el hijo menor lo reunió todo y se marchó a un país lejano donde malgastó su herencia viviendo como un libertino. Cuando hubo gastado todo, sobrevino un hambre extrema en aquel país, y comenzó a pasar necesidad. Entonces, fue y se ajustó con uno de los ciudadanos de aquel país, que le envió a sus fincas a apacentar puercos. Y deseaba llenar su vientre con las algarrobas que comían los puercos, pero nadie se las daba. Y entrando en sí mismo, dijo: "¡Cuántos jornaleros de mi padre tienen pan en abundancia, mientras que yo aquí me muero de hambre! Me levantaré, iré a mi padre y le diré: Padre, pequé contra el cielo y ante ti. Ya no merezco ser llamado hijo tuyo, trátame como a uno de tus jornaleros". Y, levantándose, partió hacia su padre. Estando él todavía lejos, le vio su padre y, conmovido, corrió, se echó a su cuello y le besó efusivamente. El hijo le dijo: "Padre, pequé contra el cielo y ante ti; ya no merezco ser llamado hijo tuyo". Pero el padre dijo a sus siervos: "Traed aprisa el mejor vestido y vestidle, ponedle un anillo en su mano y unas sandalias en los pies. Traed el novillo cebado, matadlo, y comamos y celebremos una fiesta, porque este hijo mío estaba muerto y ha vuelto a la vida; estaba perdido y ha sido hallado". Y comenzaron la fiesta. Su hijo mayor estaba en el campo y, al volver, cuando se acercó a la casa, oyó la música y las danzas; y llamando a uno de los criados, le preguntó qué era aquello. Él le dijo: "Ha vuelto tu hermano y tu padre ha matado el novillo cebado, porque le ha recobrado sano". Él se irritó y no quería entrar. Salió su padre, y le suplicaba. Pero él replicó a su padre: "Hace tantos años que te sirvo, y jamás dejé de cumplir una orden tuya, pero nunca me has dado un cabrito para tener una fiesta con mis amigos; ¡ahora que ha venido ese hijo tuyo, que ha devorado tu herencia con prostitutas, has matado para él el novillo cebado!" Pero él le dijo: "Hijo, tú siempre estás conmigo, y todo lo mío es tuyo; pero convenía celebrar una fiesta y alegrarse, porque este hermano tuyo estaba muerto, y ha vuelto a la vida; estaba perdido, y ha sido hallado" (Lucas 15: 11-32).

Perdonar es olvidar el pasado para centrase en el futuro. Es interponer los beneficios de estar en paz sobre los agravios del odio y el rencor. El padre podría haber echado a su hijo después de gastar la herencia en vicios, ¿pero eso lo habría hecho más feliz? Podría haberlo tenido como jornalero para darle una lección y que hubiese pasado vergüenza durante toda su vida. ¿Pero cómo se hubiera sentido ese padre al ver sufrir a su hijo? En cambio, no solo decide aceptarlo como hijo, sino que además le prepara una gran fiesta. Solo mira lo bueno de la situación: ha recuperado a su hijo. Deja atrás el odio y el rencor y actúa con amor. Su hermano piensa diferente, siente envidia y como él ha sido un hijo ejemplar, toma como una ofensa que se haga una fiesta por su hermano y no por él.

Aquí termina la parábola, no sabemos si perdona y acepta a su hermano o le hará la vida imposible cegado por los celos. ¿Qué le puede aportar más paz, juzgar a su hermano y verlo como un descarriado o hacer borrón y cuenta nueva, y aceptar a ese hermano que se equivocó, pero tuvo el valor y la humildad de reconocer su error?

«El resentimiento es como beber veneno y esperar que mate a tus enemigos» Nelson Mandela.

Nuestros actos siempre acarrean consecuencias, voluntaria o involuntariamente, podemos hacer daño a alguien. Nuestras palabras y nuestros actos pueden herir a otros. Al igual que los de los demás nos pueden herir a nosotros. No hay mayor causante de infelicidad que el odio y el rencor. Perdonar libera, al perdonado y al que perdona. Si los grandes maestros perdonaron incluso a sus verdugos, ¿no podremos nosotros perdonar a ese familiar que nos dijo algo hiriente, o a ese vecino que montó una fiesta y no nos dejó dormir, o a ese desconocido que se nos cruza con el coche y nos obliga a pegar un volantazo?

Te recomiendo que pienses en esas personas que te hicieron daño, que abusaron de ti, que te humillaron, que se aprovecharon de tu inocencia, que te robaron o te golpearon. Seguro que hay alguien que cuando te lo cruzas en la calle, oyes su nombre o piensas en él te hierve la sangre y te entran ganas de estrangularlo, o como mínimo, de que desapareciera de tu vida. Piensa en esas personas una a una y perdónalas. Lo puedes hacer mentalmente, pero si es alguien cercano a ti, habla con él o ella y dile que le perdonas, que ahora sabes que hizo lo que hizo, no porque quisiera hacerte daño, sino porque pensaba que era lo correcto. Y tú también le pides perdón si en esa situación tuviste algo de culpa (seguramente que sea así), "el que esté libre de pecado, que tire la primera piedra", decía Jesús. Si lo haces de corazón, si eliminas el odio y el rencor, da lo mismo que acepte o no las disculpas o ser perdonado, te liberas de esa pesada carga y te conviertes en una persona más libre, más sabia y compasiva.

LA VERDAD OS HARÁ LIBRES

Y conoceréis la verdad, y la verdad os hará libres.
(Juan 8, 32)

«Solo hay dos errores que uno puede cometer a través del camino a la verdad; no avanzar todo el camino y no empezarlo» Buda.

Tolstói dijo: «Se habla de lo que ocurrirá cuando todo el mundo tenga comida y ropa, cuando los telégrafos y teléfonos nos unan de una punta a otra del planeta, cuando viajemos en globo, cuando todos los obreros asimilen las doctrinas sociales y las organizaciones sindicales tengan millones de afiliados y de rublos, cuando todo el mundo reciba una educación. Lea periódicos y conozca todas las ciencias.

Pero ¿qué utilidad y qué bien pueden aportar todos estos avances si los hombres no dicen ni hacen lo que consideran que es la verdad?

Las desgracias de los hombres proceden de su desunión. La desunión, a su vez, proviene del hecho que los hombres no profesan la verdad, que es única, sino la mentira, que es múltiple. El único modo de que los hombres se unan, es uniéndose a la verdad. Por ello, cuanto más sinceramente ambicionen la verdad, más cercanos estarán a esta unión.

Pero ¿cómo pueden las personas unirse a la verdad o, por lo menos, aproximarse a ella cuando no solo no expresan esta verdad que conocen, sino que consideran que no es necesario hacerlo y fingen considerar como verdad aquello que en realidad no reconocen como tal?

Ya pueden producirse todos los avances externos con los que sueñan hombres religiosos y de ciencia. (...) Que si la gente no profesa la verdad que conoce y continúa fingiendo que cree en lo que no cree y que respeta lo que no respeta, su situación no cambiará e incluso empeorará cada vez más. Cuanto más saciados estén los hombres, cuantos más telégrafos, teléfonos, libros, periódicos y revistas haya, más medios habrá para difundir las mentiras contradictorias entre sí y más desunidos estarán los hombres (y por ello más desgraciados serán), como sucede actualmente.

Ya se pueden producir todos estos cambios externos, pero la situación de la humanidad no mejorará. Pero bastaría con que todo hombre profesara ahora mismo en su vida con todas sus fuerzas la verdad que conoce, o por lo menos no defendiera la mentira que realiza haciéndola pasar por la verdad, e inmediatamente, en el año 1893 presente, se producirían tales cambios en la liberación de los hombres y en el establecimiento de la verdad sobre la Tierra, con los que no nos atreveríamos a soñar ni en cien años».

(125 años después no ha cambiado gran cosa, ¿harán falta cien años más?)

Sócrates en el "Fedón":

«—La gente común no parece darse cuenta de que los que verdaderamente se aplican de la manera correcta a la filosofía están preparándose directamente y por su cuenta para la muerte y el morir. Si esto es cierto, y ellos han estado buscando la muerte durante toda su vida, por supuesto que sería absurdo sentirse alterado cuando llega eso para lo que te has estado preparando y que has estado deseando durante tanto tiempo...

—¿Es simplemente la liberación del alma del cuerpo? ¿Es la muerte nada más ni menos que esto, la condición separada del cuerpo por sí mismo cuando se separa del alma, y la condición separada del alma por sí misma cuando se libera del cuerpo? ¿Es la muerte algo diferente de esto?

—No, es exactamente eso.

—Bien, entonces, hijo mío, mira si estás de acuerdo conmigo; creo que esto nos ayudará a encontrar las respuestas a nuestro problema. ¿Crees que es correcto que un filósofo se preocupe con los placeres conectados con el alimento y la bebida?

—Ciertamente no, Sócrates —dijo Simias.

—¿Y qué hay de las demás atenciones que prestamos a nuestros cuerpos? ¿Crees que un filósofo asigna alguna importancia a ellas? Me refiero a cosas como proveerse de ropas elegantes, zapatos y otros ornamentos corporales. ¿Crees que las valora o las desprecia, en la medida en que él no tiene verdadera necesidad de prestar atención a este tipo de cosas?

—Creo que el verdadero filósofo las desprecia —dijo él.

—Entonces, ¿es tu opinión que en general un hombre de este tipo no se preocupa del cuerpo, sino que mantiene su atención dirigida en la medida de lo posible lejos de él y hacia el alma?

—Sí, así es.

—¿De modo que queda claro en primer lugar que, en el caso de los placeres físicos, el filósofo libera su alma de la asociación con el cuerpo en mayor medida que otros hombres?

—Así parece.

—Ahora consideremos la adquisición de conocimientos. ¿Es el cuerpo un obstáculo si uno se asocia con él para compartir una investigación? Lo que quiero decir es: ¿Existe alguna certeza en la vista o en el oído humanos, o es cierto, como los poetas repiten hasta la saciedad, que no vemos ni oímos con precisión? Sin embargo, si estos sentidos no son claros ni precisos, el resto tampoco pueden serlo, puesto que son claramente inferiores a los dos primeros. ¿Estás de acuerdo?

—Ciertamente.

—Entonces, ¿Cuándo alcanza el alma la verdad? Cuando intenta investigar cualquier cosa con la ayuda del cuerpo, evidentemente sigue un camino desviado.

—Muy cierto.

—¿No es en el curso de la reflexión, si es que ocurre en absoluto, cuando el alma puede ver los hechos con claridad?

—Sí.

—Sin duda, el alma puede reflexionar mejor cuando está libre de todas las distracciones, como el oído o la vista, o del dolor y el placer de cualquier tipo; es decir, cuando ignora el cuerpo y se hace independiente hasta donde es posible, evitando en lo posible todos los contactos físicos y las asociaciones en su búsqueda de la realidad.

—Eso es así.

—Entonces aquí también (al despreciar el cuerpo y evitarlo, y al esforzarse por ser independiente) el alma del filósofo va por delante del resto.

—Así parece.

—Todas estas consideraciones —dijo Sócrates— sin duda deben impulsar a los filósofos serios a revisar su posición en este sentido. Parece como si esto fuera un camino lateral que llevara al sendero correcto. Mientras permanezcamos en un cuerpo y nuestra alma esté contaminada por esta imperfección, no tenemos la oportunidad de lograr satisfactoriamente nuestro objeto, que según afirmamos es la verdad. En primer lugar, el cuerpo nos proporciona innumerables distracciones al tener que dedicarnos a nuestro necesario sustento; y cualquier enfermedad que nos ataque nos obstaculiza en nuestra búsqueda de la realidad.

Además, el cuerpo nos llena de amores y deseos y miedos, y de todo tipo de anhelos y una gran cantidad de necedades, con el resultado de que literalmente nunca tenemos la oportunidad de pensar en nada en absoluto... Y lo peor de todo, si conseguimos descansar de las exigencias del cuerpo y nos interesamos por alguna línea de indagación, el cuerpo se inmiscuye una vez más en nuestras investigaciones, interrumpiendo, molestando, distrayendo e impidiéndonos obtener un vislumbre de la verdad. De hecho, estamos convencidos de que si alguna vez hemos de obtener un conocimiento puro de algo, debemos librarnos del cuerpo y contemplar las cosas por sí mismas, con el alma por sí misma... Parece que mientras estemos vivos, continuaremos estando mas cerca del conocimiento si evitamos en lo posible todo contacto y asociación con el cuerpo, excepto cuando sea absolutamente necesario; y en lugar de ser infectados por su naturaleza, purificarnos de él hasta que el propio Dios nos libere. De este modo, al mantenernos libres de contaminación de las locuras del cuerpo, probablemente estaremos en compañía de otros como nosotros, y adquiriremos conocimiento directo de todo lo que es puro e incontaminado; es decir, presumiblemente, de la Verdad».

Sócrates enseñó en el "Simposio":
«Absoluto, existe solo consigo mismo, es único, eterno, y todas las demás cosas hermosas participan de ello, de tal manera que, mientras las cosas vienen al ser y se van, lo absoluto no está sometido a ningún incremento ni disminución, ni sufre cambio alguno».

Sócrates dijo en el "Fedón":
«El alma es como eso que es divino, inmortal, inteligible, uniforme, indisoluble y siempre intrínsecamente consistente e invariable, mientras que el cuerpo se parece más a eso que es humano, mortal, multiforme, ininteligible, disoluble y nunca intrínsecamente consistente».

El Surangama sutra budista dice: «Cuando todas las ilusiones desaparecen, si esto no es la realidad, entonces, ¿qué más esperas?»

Dijo Tolstói: «Comparte lo que poseas con los demás, no acumules riquezas, no seas vanidoso, no robes, no generes sufrimientos, no mates, no hagas a nadie lo que no querrías para ti", nos fue dicho no ya mil ochocientos (ahora dos mil), sino cinco mil años atrás, y no podría haber ninguna duda sobre esta Verdad si no fuera porque existe la hipocresía; si no se cumplieran estas normas, nadie podría negar que es necesario cumplirlas, y que aquel que no lo hace está obrando mal. (...) Con respecto a la verdad, todo hombre se encuentra en su vida en la situación de un viajero que camina en la oscuridad con la luz vacilante de su linterna: no ve lo que la linterna no ilumina, tampoco ve el camino que ya ha recorrido y que ha quedado cubierto por la oscuridad, y no puede cambiar su relación respecto a esto; pero lo que sí ve, sea cual sea el lugar donde se encuentre, es lo que su linterna ilumina, y siempre podrá escoger uno u otro lado por el que avanzar.

Para todo hombre hay siempre verdades invisibles, aún no reveladas a su intelecto; hay otras verdades ya experimentadas, olvidadas y asimiladas por él; y hay determinadas verdades que se han alzado a la luz de su raciocinio, y que le exigen ser reconocidas. Y es en el reconocimiento o rechazo de estas verdades donde se pone de manifiesto lo que llamamos libertad. (…) No digo que si eres un terrateniente entregues inmediatamente tus tierras a los pobres; si eres un capitalista entregues tu dinero y tu fábrica a los obreros; si eres zar, ministro, funcionario juez o general renuncies en el acto a tu posición privilegiada; si eres soldado (es decir, si ocupas la posición donde se sustenta toda la violencia) renuncies en el acto a tu posición insubordinándote, a sabiendas de todos los peligros que correrías haciéndolo. Si lo hicieras obrarías del mejor modo posible, pero puede ocurrir, de hecho es lo más probable, que no te veas con fuerzas suficientes para hacerlo: tienes relaciones, una familia, subordinados, jefes, y estás tan sometido a la influencia de la tentación que no te ves capaz de ello. Lo que sí puedes hacer siempre es reconocer la Verdad y no mentir. Puedes dejar de afirmar que continúas siendo terrateniente, fabricante, comerciante, artista o escritor solo porque esto es útil para la sociedad; o que ejerces de gobernador, fiscal o zar no porque te agrade y te hayas acostumbrado a ello, sino por el bien de la gente; que sigues siendo soldado no porque temas ser castigado, sino porque consideras que el ejército es necesario para proteger la vida de la gente. Puedes dejar de mentirte a ti mismo y a los demás, y no solo puedes sino debes dejar de hacerlo, porque la única dicha de tu vida reside únicamente en esto: en liberarte de la mentira y en profesar la Verdad.

(…) La libertad de una persona no reside en que pueda actuar libremente, con independencia del transcurso de la vida y las causas que ya existen y que le influyen, sino que al reconocer la verdad que le ha sido revelada y profesarla, pueda o bien convertirse en partícipe libre y dichoso de la obra eterna e infinita de Dios, o bien no reconocer esta verdad y convertirse en un esclavo, arrastrado a la fuerza y de un modo terrible hacia un lugar al cual no quiere ir.

La verdad no solo señala el camino por el que la vida de la humanidad debe avanzar, sino que descubre el único camino por el que lo puede hacer. Por ello, todos los hombres avanzarán inevitablemente, quieran o no, por el camino de la verdad: unos cumpliendo la tarea que se habían fijado en la vida, y otros sometiéndose sin querer a la ley de la vida. La libertad de los hombres reside en esta elección. (...) El reino de Dios se alcanza mediante el esfuerzo, y solo quienes realicen este esfuerzo llegarán a él. Y este esfuerzo de renuncia a los cambios de las condiciones externas para aceptar y profesar la verdad es el esfuerzo con el que se alcanza el reino de Dios, un esfuerzo que debe y puede ser realizado en nuestro tiempo.

Los hombres deben comprender lo siguiente: en cuanto dejen de preocuparse por asuntos externos y triviales en los cuales no son libres y dediquen tan solo una décima parte de la energía que emplean en los asuntos externos a la aceptación y profesión de la verdad que tienen ante sí, a su propia liberación y a la de los demás de la mentira y de la hipocresía que ocultan la verdad, inmediatamente, sin esfuerzos ni luchas, se desmoronará el erróneo orden existente que tanto atormenta a los hombres y que los amenaza con calamidades aún mayores, y llegará el reino de Dios o al menos su primera etapa, para el que la gente, conforme a su conciencia, está preparada.

Del mismo modo que basta con sacudir un recipiente para que un líquido saturado de sal se transforme inmediatamente en cristales, es posible que en la actualidad baste con un pequeñísimo esfuerzo para que la verdad ya revelada a los hombres atrape a centenares, miles, millones de ellos; entonces se establecerá una opinión pública en concordancia con esta nueva conciencia, y a consecuencia de ello cambiara toda la estructura del orden existente. Y de nosotros depende realizar este esfuerzo. (...)

"Antes que nada buscad el reino de Dios y todo lo justo y bueno que hay en él, y Dios os dará, además, todas estas cosas".

El único sentido de la vida del hombre reside en servir al mundo contribuyendo a que el reino de Dios sea establecido. Y ello se producirá únicamente cuando cada individuo reconozca y profese la Verdad.

"El reino de Dios no vendrá con advertencia, ni dirán: Helo aquí o helo allí; porque el reino de Dios está en vosotros"».

Gandhi aseguraba:
«Los que creen que Dios nos da, no tienen que preocuparse de nada y hacer por su parte todo lo que puedan. Si nos abandonamos por completo a la voluntad de Dios, nos obligamos a no ser ninguna otra cosa y ya no tenemos ninguna necesidad de elegir. Al haber renunciado a ese derecho, nos vemos aliviados de toda preocupación.

Toda posesión supone que uno toma sus previsiones para el futuro. Pero el que busca la verdad y desea seguir la ley del amor, no tiene porqué preocuparse del futuro. Dios nunca atesora nada para el día siguiente, no crea nunca más que lo estrictamente necesario para el momento presente. Por consiguiente, si nos ponemos con toda confianza en manos de su providencia, hemos de descansar en la certeza de que Él nos dará todo lo que necesitemos».

Pedid y se os dará; buscad y hallaréis; llamad y se os abrirá. Porque todo el que pide, recibe; el que busca, halla; y al que llama se le abrirá (Lucas 11, 9-10).

La Madre Teresa también creía en esto:
«Si hay algo que no me preocupa es el dinero, porque siempre llega: Dios nos lo envía. El trabajo que hacemos le pertenece a Él, y es Él quien nos provee de medios. Si no nos envía medios para una determinada obra, es señal de que se trata de algo que no quiere. De suerte que, ¿para qué he de preocuparme?»

Willian Bodri dice que: «si abandonas todo lo que puedes abandonar y allí sigue quedando algo, esa naturaleza inamovible debe ser tu verdadera identidad. ¡La naturaleza última que no puede ser descartada debe ser verdadera! Por eso los maestros Zen dicen que el camino hacia la iluminación es abandonarlo todo. Abandonarlo todo significa "no hacer nada", porque la actitud de ausencia de esfuerzo está alineada con el Tao. (...) Buda y Sócrates, en su práctica personal, abandonaron todo lo que podía ser abandonado, probando así que era irreal de partida. Después de todo, si puedes abandonar un estado de conciencia, el hecho de poder abandonarlo demuestra que no es el estado último. Solo lo real permanece siempre, ¡puesto que lo real no cambia! Lo real siempre es puro y constante».

Platón decía en el Fedón, o de la inmortalidad del alma:
«Todas las cosas nacen de sus contrarios cuando los tienen. De lo muerto nace todo lo que tiene vida. Si todo lo que ha tenido vida muriera y estando muerto permaneciera en el mismo estado sin revivir, ¿no llegaría necesariamente el caso de que todas las cosas tendrían un fin y que no habría ya nada que viviera? Porque si de las cosas muertas no nacen las vivientes y si estas muriesen a su vez, ¿no sería absolutamente inevitable que todas las cosas fueran finalmente absorbidas por la muerte?

Es seguro que hay una vuelta a la vida, que los vivos nacen de los muertos, que las almas de los muertos existen y que las almas de los justos son mejores y las de los malvados peores.

El alma no admite nada que sea contrario a lo que ella es siempre, no admite a la muerte, el alma es inmortal».

Rousseau dijo: «Si existe un estado en que el alma encuentre un soporte lo suficientemente sólido para descansar enteramente en él y reconfortar todo su ser, sin necesidad de recurrir al pasado o de anticipar el futuro; en donde el tiempo no signifique nada, en donde el presente sea continuo sin límite de duración y sin trazo alguno de sucesión, en donde no exista otro sentimiento de privación o de goce, de placer o de dolor, de deseo o de temor, que el de nuestra existencia; y si este sentimiento puede por sí solo satisfacer el alma, entonces, en la medida en que este estado persista, aquel que se halle en él podrá llamarse feliz, no con una felicidad imperfecta, pobre y relativa, sino con una felicidad suficiente, perfecta y plena, que no deje en el alma vacío alguno que sienta la necesidad de llenar.

En tales circunstancias, uno no goza de nada externo a uno mismo, de nada que no sea él mismo y su propia existencia; en la medida en que persiste este estado de ánimo, uno se basta así mismo al igual que Dios. El sentimiento de la existencia despojado de cualquier otro afecto es, por sí mismo, un sentimiento precioso de satisfacción y paz que bastaría por sí solo para hacer que esta existencia fuera querida y dulce para el hombre que supiera alejar de sí todas las sensaciones sensuales y mundanas que vienen continuamente a distraernos y a enturbiar la dulzura que encontramos aquí abajo. (…) Me siento rodeado de todo lo que me interesa, todo el universo está presente para mí; gozo a la vez del apego que siento hacia mis amigos, del que ellos sienten hacia mí, y del que los unos sienten hacia los otros... no uso nada que no potencie mi ser, nada que lo divida; mi ser está en todo lo que me rodea, no hay nada distanciado de mí; mi imaginación ya no tiene nada que hacer, yo no tengo nada que desear; sentir, gozar, son para mí la misma cosa; vivo simultáneamente en todo lo que yo amo, me siento lleno de felicidad y de vida».

Jesús dijo en el Sermón de la Montaña:

Esto es lo que os digo: no andéis preocupados pensando qué vais a comer, o qué vais a beber para poder vivir, o con qué ropa vais a cubrir vuestro cuerpo. ¿Es que no vale la vida más que la comida, y el cuerpo más que la ropa? Mirad a los pájaros: no siembran, ni cosechan, ni guardan en graneros, y, sin embargo, vuestro Padre que está en los cielos los alimenta. ¡Pues vosotros valéis mucho más que los pájaros! Por lo demás, ¿quién de vosotros por mucho que se preocupe, podrá añadir una sola hora a su vida? ¿Y por qué preocuparos a causa de la ropa? Aprended de los lirios del campo, cómo crecen. No trabajan ni hilan, y, sin embargo, os digo que ni siquiera el rey Salomón, con todo su esplendor llegó a vestirse como uno de ellos. Pues si Dios viste así a la hierba del campo, que hoy está verde y mañana será quemada en el horno, ¿no hará mucho más por vosotros? ¡Qué poca es vuestra fe! No os preocupéis pensando qué vais a comer, qué vais a beber o con qué vais a vestiros. Esas son las cosas que preocupan a los que no conocen a Dios; pero vuestro Padre que está en los cielos ya sabe que las necesitáis. Vosotros, antes que nada, buscad el Reino de Dios y todo lo justo y bueno que hay en él, y Dios os dará además todas esas cosas. No os inquietéis, pues, por el día de mañana, que el día de mañana ya traerá sus inquietudes. Cada día tiene bastante con sus propios problemas (Mateo 6, 25-34).

CONCLUSIÓN

En el Sermón de la Montaña de Jesús queda reflejada, la que es para mí, la Verdad más valiosa de todas. Nos dice que no nos preocupemos por las cosas mundanas, que Dios proveerá. Y termina diciendo: "No os inquietéis, pues, por el día de mañana, que el día de mañana ya traerá sus inquietudes. Cada día tiene bastante con sus propios problemas".

Cuando decidí dejarlo todo y lanzarme a intentar cumplir un sueño que parecía imposible, muchos me preguntaban: "¿Y si te va mal?, ¿y si no lo consigues?" Pero había algo que me daba mucha seguridad dentro de mi forma de vida de "inseguridad" aparente. Y es que un plato de comida y lugar donde dormir no me va a faltar nunca. Haceos esta pregunta: ¿habéis pasado un día en vuestra vida sin comer, sin poder dormir, sin nada con que vestiros?

Si lo perdieras todo y necesitaras la ayuda de otros para subsistir (por un tiempo). Tienes una familia, unos amigos o incluso unos desconocidos que te echarían una mano. Puede que haya alguien que no los tenga, pero si estás leyendo este libro quiere decir que no vives en un lugar donde la pobreza y la escasez de alimentos sea la norma (y allí todavía se comparte más lo que se tiene). Es una gran suerte que hayas recibido la educación necesaria y poseas las inquietudes que te han llevado a llegar al final del libro. Si en tu caso esta máxima no vale es que algo tienes que cambiar en tu vida, recuerda el cuento del anciano que decía que las personas de la ciudad eran como en el lugar de donde el joven venía. Si no tienes a nadie que te quiera y que te ayudaría en caso de catástrofe, ni a una sola persona, es que tú tampoco quieres ni ayudarías a nadie. Pero como estoy convencido de que esta máxima vale para ti, puede que te sirva para dejar de lado el miedo que te esclaviza y no te deja avanzar. Si nunca te va a faltar un plato de comida, un lugar donde dormir y ropa que ponerte, ¿para qué preocuparse?

El miedo y las preocupaciones son la causa de mucho sufrimiento, nos hacen desistir de nuestros proyectos o incluso no nos dejan ni comenzar. El estrés es la enfermedad del siglo XXI, de él derivan muchas otras enfermedades como la depresión, el cáncer, los problemas de corazón, e incluso, el suicidio. Y, ¿qué es el estrés sino miedo al futuro? Nos han educado para tenerlo todo controlado, para buscar esa seguridad irreal e imposible. Pero preocuparte no te ayuda ni te aporta nada, la misma palabra lo dice: pre-ocuparte, ocuparte antes de que ocurra.

¿Y si no hubiera nada de lo que preocuparse?

La mayoría de las veces, eso que tememos, nunca se llega a manifestar, es fruto de nuestra mente y de pensar demasiado en el futuro. El miedo no puede existir en el momento presente, solo tenemos miedo al rememorar el pasado o pensar en el futuro. Al principio creía que yo tenía que hacerlo todo, que mi futuro dependía de mí, que era el dueño de mi destino... pero esa era mucha responsabilidad. El ego se engrandece cuando las cosas salen bien y se deprime cuando no son como esperabas.

¿Y si todo estuviera bien? ¿Y si tú no tuvieras que hacer nada?

Cuesta creer esto, pero cuando eres consciente de que formas parte de un todo, de que lo que crees que es real es en realidad un sueño, que todo es una percepción, que no hay nada bueno ni malo, que no existe ni el cielo ni el infierno, que Dios, la Fuente, el Universo... está en ti y que nunca estuviste separado. Entonces, ¿para qué preocuparse? ¿para qué hacer cosas que no quieres? ¿para qué seguir quimeras en las que no crees? ¿Y si fluyes con la vida y te dejas llevar?, ¿y si sigues las señales y confías en ti y en el Universo?, ¿y si te centras en el momento presente y haces lo que tienes que hacer sin expectativas, sin emitir juicios ni sentir miedo?

Primero tienes que creer que lo haces tú todo, para luego darte cuenta de que en realidad no tienes que hacer nada. Cuesta creer en esto pero una vez que lo interiorizas, cuando te quitas toda la responsabilidad, cuando fluyes por la vida aceptando lo que te brinda, cuando sabes que tú no eres ni tu cuerpo, ni tu mente... se disuelve el miedo y solo queda amor. Primero hay que estar en el hacer, pero cuando te das cuenta que cuando no vas a vender es cuando más vendes, que cuando mejor escribes es cuando no piensas, que tus mejores charlas son las que menos preparas... empiezas a confiar y a actuar, pero sin entrometerte en el proceso, sin importarte el resultado y centrándote en la acción.

Hace tiempo dije que, para mí, la felicidad era no saber en qué día estás ni que te importe, no tener preocupaciones y solo centrarte en vivir el momento presente. Eso se refleja muy bien en un niño de 4 años, solo le importa si es de día o de noche, si hay que ir al cole o no; solo existe ese dibujo en el que está inmerso, disfruta de cada momento, no deja nada para mañana...

¿Y si volviéramos a ser niños?

¿Y si nos despojáramos de todas las creencias que nos ha inculcado la sociedad y empezáramos a ser nosotros mismos?

Sé que es difícil, nos han educado para que seamos una pieza que encaje a la perfección en el puzzle que los que ostentan el poder han creado. Si no encajas eres el raro, eres el insociable, eres peligroso... no quieren que pienses, no quieren que hables, que crees algo nuevo, que te rebeles. En este libro hemos visto muchas de las mentiras en las que se basa nuestra sociedad, cómo nos manipulan imponiéndonos necesidades y reglas que solo benefician a unos pocos, o eso creen, pues solo les beneficia económicamente mientras les condena moralmente. Pero tú eres único, nunca ha habido ni habrá en la historia nadie igual a ti. Puedes pasar por esta vida sin hacer ruido, sin dejar huella, sin que nadie te recuerde, sin haber aportado nada realmente importante, sin haber sacado lo mejor de ti, sin haber contribuido a mejorar el mundo, sin haber amado de verdad, sin haberte sentido libre.

¿Merece la pena una vida así?

Eres un afortunado, tienes una vida humana, puedes hacer con ella lo que quieras, no estás obligado a nada, solo se te pide respirar y hasta eso puedes dejar de hacerlo si quieres. Así que ¡VIVE! Disfruta de las maravillas de que disponemos, nunca ha habido un momento mejor para vivir, ni nunca lo habrá.

¡Tu momento es ahora!

Aquí está todo lo que necesitas. Solo tienes que cogerlo y reclamar lo que es tuyo. Eres un ser divino, eres merecedor de todas las bendiciones, Dios está en ti, el Universo entero está en ti. No estás aquí por casualidad, este libro no nació por casualidad, no has elegido vivir en este lugar y esta época por casualidad, nada es casualidad. Incluso si efectúas un cambio en tu manera de afrontar la vida no es casualidad, así que no te preocupes, hagas lo que hagas estará bien, pero tienes que hacer. La felicidad está en el hacer, los cambios están en el hacer, el amor está en el hacer, la sabiduría está en el hacer... Aunque creas que no puedes, haz; aunque no lo veas, haz; aunque tengas miedo, haz. Cuando haces lo máximo que puedes, cuando lo das todo sin importar el resultado, cuando vives acorde a tus creencias, cuando te entregas a la acción, cuando te abandonas al presente, cuando actúas en beneficio de otros, cuando entras en ese estado de fluir con la vida, sacas lo mejor de ti y como lo has dado todo, no hay sitio para la culpa o el miedo. Te conviertes en el Ser lleno de amor que estás llamado a ser. Un Ser despierto, consciente, dueño de su vida y de su tiempo, que sabe lo que quiere y cómo conseguirlo. Y si no lo sabe, no se preocupa, porque tiene la certeza de que las situaciones y circunstancias que experimenta tienen un porqué, tienen una razón de ser, una causa más elevada que la mente no puede discernir. Vendrán situaciones difíciles, también habrá dolor, sufrimiento, pérdidas, desesperación... pero ya no pierde su tiempo y energía en reproches, en victimismos, en lamentaciones inútiles que lo único que hacen es cubrir de niebla la luz de nuestra existencia. Así que no te preocupes por nada, experimenta, equivócate, rectifica, aprende, disfruta, ama y sobre todo, vive.

El mensaje de Jesús, Buda, Sócrates, Tolstói, Gandhi, Thoreau o la Madre Teresa es que confíes en la vida, que no te preocupes por el futuro, que vivas el presente, que lleves una vida sencilla, que dejes de acumular y comiences a dar, que empieces a perdonar y no desees el mal a nadie, que ames a todos y a todo, que vivas con virtud y no hagas a los demás lo que no te gustaría que te hicieran.

Cuando conoces esta Verdad y vives acorde a ella, eres libre. No importa que estés en una cárcel, en la pobreza o enfermo. Cuando aceptas la Verdad nada ni nadie externo puede afectarte, ni siquiera la muerte, pues sabes (como supieron todos los maestros) que esta vida es solo una parte del camino, en tu mano está cómo recorrerlo...

Si te atrae una lucecita, síguela. Si te conduce al pantano, ya saldrás del él. Pero si no la sigues, toda la vida te mortificarás pensando que acaso era tu estrella.

Séneca

FUENTES DE INFORMACIÓN

LIBROS

108 Perlas de la sabiduría del Dalai Lama
1984 – George Orwell
Abraham Lincoln – Isaac Montero
Analectas – Confucio
Aprendiendo de los mejores – Francisco Alcaide Hernández
Cartas a un buscador de sí mismo – Thoreau
Curso de meditación Vipassana de S. N. Goenka
Dhammapada – Buda
Desobediencia civil – Thoreau
Diálogos – Platón
El factor humano (Nelson Mandela) – John Carlin
El gran secreto de Jesús – Juan Arias
El Kybalión – Hermes Trismegisto
El libro de oro – Séneca
El libro de oro de la sabiduría – Reader's Digest
El mundo de Sofía – Jostein Gaarder
El negocio de la comida. ¿Quién controla nuestra alimentación? – Esther Vivas Esteve
El reino de Dios está en vosotros – Tolstói
El segundo sexo – Simone de Beauvoir
La Biblia
La filosofía de Ruosseau – Donald Grimsley
La muerte de Ivan Ilich – Tolstói
Las leyes de la vida – Dalai Lama
Madre Teresa de Calcuta. Anécdotas de una vida – José Luis González
Mariana Pineda – Editorial Labor
Martin Luther King – Fiona MacDonald
Nueva visita a un mundo feliz – Aldous Huxley

Sapiens. De animales a dioses – Yuval Noah Harari
Todos los hombres son hermanos – Gandhi
Un mundo feliz – Aldous Huxley
Walden – Thoreau

MEDIOS DE COMUNICACIÓN

ABC
La Sexta
La Voz de Galicia
Muy Interesante
El Confidencial
El Español
El Mundo
El País
El Periódico
El Plural
Espejo Público
Expansión
Público

INTERNET

Ciudadano neutro
El Cuellilargo
diariosur.es
eleconomista.es
formacion.educalab.es
gotquestions.org
lainformacion.com
lifeder.com
psicoactiva.com
Spanish Revolution
Wikipedia

ORGANIZACIONES

Acuae Fundation
Ciudadano Neutro
Cordinadora de Organizaciones de Agricultores y Ganaderos (COAG)
Escuela de Riqueza
Greenpeace
Grupo ETZ
Instituto Nacional de Estadística (INE)
Intermón Oxfam
McKinsey Global Institute (MGI)
Organización de las Naciones Unidas (ONU)
Organización de las Naciones Unidas para la alimentación (FAO)
Organización Mundial de la Salud (OMS)
Unesa

CUENTOS

Elefante encadenado – Inspirado en un cuento de "Déjame que te cuente..." Jorge Bucay.

Las gacelas cazadas – Obra del autor. Inspirado en una conferencia de Emilio Duró.

Pasa a la acción – Obra del autor.

Viaje a la Luna – "Sapiens. De humanos a Dioses". Yuval Noah Harari

Cuento Diógenes – Obra del autor. Inspirado en dos historias de "Déjame que te cuente..." Jorge Bucay y una de "El mundo de Sofía" Jostein Gaarder.

Las estrellas de mar – "Cuentos para entender el mundo". Eloy Moreno.

Las tres puertas – Cuento budista popular.

Enseñanza clave del budismo – Cuento budista popular.

La paz perfecta – "Cuentos para entender el mundo". Eloy

Moreno.

Regalos para el maharajá – "Déjame que te cuente..." Jorge Bucay.

El barquero y el ejecutivo – Inspirado en una charla de Borja Vilaseca.

El caballero valiente – Inspirado en una charla de Borja Vilaseca.

¿Estoy donde quiero estar? – Obra del autor. Inspirado en su propia experiencia.

¿Cómo es la gente? – Inspirado en una charla de Borja Vilaseca.

El panadero feliz – Obra del autor.

Anillo del equilibrio – "Cuentos para entender el mundo". Eloy Moreno.

El hijo muerto – Cuento budista popular.

Comprar tiempo – Obra del autor. Inspirado en una historia que le contó su amigo Eliseo.

Los diez mandamientos – "Déjame que te cuente..." Jorge Bucay.

AGRADECIMIENTOS

Gracias a todas las personas que han dedicado su vida a buscar la Verdad y transmitirla.

Gracias a todos los maestros que han aparecido en mi vida, sea en persona o a través de la literatura, y se han convertido en referentes de los que aprender.

Gracias a mi familia y amigos por su apoyo incondicional.

Gracias a Enrique Gómez por su ayuda en la elaboración del libro.

Gracias a todas las personas que me siguen y leen mis libros. Ofreceros algo de calidad me empuja a seguir creciendo, a continuar investigando y experimentando, para que vosotros crezcáis conmigo.

Si deseas conocer más sobre el autor y sus otros libros, puedes hacerlo en su web, Facebook, Instagram o Amazon.

www.danielzaragoza.com

Y si estás escribiendo un libro y quieres que Daniel Zaragoza te acompañe en el proceso:

www.acompanamientoautores.com

¡Gracias por llegar hasta el final!

Si te ha gustado este libro, si te ha ayudado a ser un poquito más libre… Por favor, deja tu valoración y tu comentario en Amazon, porque con ello, me ayudarás a que llegue a más gente.

Muchas gracias.

Daniel Zaragoza

www.ingramcontent.com/pod-product-compliance
Lightning Source LLC
Chambersburg PA
CBHW031914270726

48655CB00001BA/113